REINVENTAR A ESCOLA PÚBLICA

ABPDEA
Associação Brasileira para
a Proteção dos Direitos
Editoriais e Autorais

RESPEITE O AUTOR
NÃO FAÇA CÓPIA
www.abpdea.org.br

REINVENTAR A ESCOLA PÚBLICA

POLÍTICA EDUCACIONAL PARA UM NOVO BRASIL

PABLO GENTILI
TRISTAN McCOWAN

(organizadores)

EDITORA VOZES

Petrópolis
2003

© 2003, Editora Vozes Ltda.
Rua Frei Luís, 100
25689-900 Petrópolis, RJ
Internet: http://www.vozes.com.br
Brasil

Todos os direitos reservados. Nenhuma parte desta obra poderá ser reproduzida ou transmitida por qualquer forma e/ou quaisquer meios (eletrônico ou mecânico, incluindo fotocópia e gravação) ou arquivada em qualquer sistema ou banco de dados sem permissão escrita da Editora.

Editoração eletrônica: A 4 Mãos Comunicação e Design

ISBN 85.326.2936-9

Este livro foi impresso pela Editora Vozes Ltda.
Rua Frei Luís, 100 – Petrópolis, RJ – Brasil – CEP 25689-900
Caixa Postal 90023 – Tel.: (24) 2233-9000
Fax: (24) 2231-4676

**Se calarmos,
as pedras gritarão...**

PEDRO TIERRA

(Dies Irae. Oito testemunhos indignados e uma ressurreição, Brasília, 1999)

Ao dia 27 de outubro de 2002... um domingo de estrelas e de esperanças

SUMÁRIO

Apresentação
Pablo Gentili e Tristan McCowan 11

Prefácio
A Estrela da Esperança
Pablo Gentili 15

Capítulo 1 – Um Projeto Político-Educacional para o Novo
Brasil   21

    Uma Escola do Tamanho do Brasil
    Partido dos Trabalhadores 27

Capítulo 2 – Educação Democrática e Luta pela Terra   113

    Nossa Concepção de Escola
    Movimento dos Trabalhadores Rurais Sem Terra 119

    Manifesto das Educadoras e dos Educadores da Reforma
    Agrária ao Povo Brasileiro
    *1º Encontro Nacional de Educadoras e Educadores da
    Reforma Agrária* 133

    Declaração 2002 e Propostas de Ação para o Novo Governo
    Seminário Nacional por uma Educação do Campo 136

Capítulo 3 – O Direito à Educação   147

    Campanha Nacional pelo Direito à Educação 151

Capítulo 4 – Governo Local e Educação   157

    A Educação Municipal Apresenta suas Propostas para uma
    Educação de Qualidade
    UNDIME 161

CAPÍTULO 5 – DESAFIOS À EDUCAÇÃO DE JOVENS E ADULTOS   169

Relatório-Síntese do IV ENEJA
IV Encontro Nacional de Educação de Jovens e Adultos ..175

Manifesto ao Presidente Eleito Luiz Inácio Lula da Silva
Educadoras e Educadores da EJA 190

Carta ao Ministro da Educação Cristovam Buarque
3º Encontro Nacional de MOVAS 194

CAPÍTULO 6 – EDUCAÇÃO, DEMOCRACIA E QUALIDADE SOCIAL   201

Carta de São Paulo, Agenda Política e Plano de Lutas
Fórum Nacional em Defesa da Escola Pública
4º CONED 207

CAPÍTULO 7 – A LUTA DOS POVOS POR UMA EDUCAÇÃO DEMOCRÁTICA   227

Carta de Porto Alegre pela Educação Pública para Todos
I Fórum Mundial de Educação 235

Declaração de Porto Alegre
II Fórum Mundial de Educação 241

Discurso no II Fórum Mundial de Educação
Cristovam Buarque 246

CAPÍTULO 8   255

Por uma Pedagogia da Esperança
Pablo Gentili 257

APRESENTAÇÃO[1]

O presente volume reúne um conjunto de textos que nos ajudam a pensar o rumo das novas políticas educacionais numa era pós-neoliberal. Quase todos eles produzidos no ocaso do Governo Fernando Henrique Cardoso, estes documentos e manifestos constituem um eloqüente testemunho da vontade de mudança que promoveu a vitória de Luiz Inácio Lula da Silva nas eleições de outubro de 2002. Trata-se de materiais que, em sua multiplicidade, compartilham um diagnóstico crítico acerca da herança recebida depois de uma era de políticas de ajuste, bem como uma esperançada e ambiciosa proposta de transformação que reconhece que, apesar disto, uma outra política educacional é hoje, no Brasil, possível e necessária.

Reinventar a escola pública, erguer os cimentos de um sistema educacional justo e igualitário, promover e ampliar os espaços de participação e gestão democrática, valorizar de forma efetiva o trabalho dos profissionais da educação, reconhecer e fortalecer as lutas dos movimentos sociais pela construção de um sistema escolar de qualidade para todos, garantir as condições efetivas para que o direito à educação deixe de ser uma falsa promessa que só se reativa nos momentos de euforia eleitoral. Eis os princípios que proclamam os textos aqui reunidos.

[1] Agradecemos a colaboração de Margareth Doher, Graziela Bortoluzzi Postay, Ana Lacombe e de toda a equipe do Observatório Latino-Americano de Políticas Educacionais (OLPED) na organização dos documentos que compõem o presente livro.

Testemunhas de uma conjuntura histórica de extraordinária riqueza, os documentos que compõem o presente livro servem não só como evidências vivas de uma irreversível vontade de mudança no rumo das políticas educacionais hegemônicas, senão também como um alerta ao conformismo ou ao desânimo que podem gerar as condições herdadas, uma vez iniciado o mandato do novo governo democrático. Assim, embora as correlações de força estejam longe de estimular uma euforia transformadora de grande alcance, os manifestos e propostas reunidas nestes capítulos nos estimulam a reconhecer que o abandono de uma pedagogia da esperança radical é o primeiro passo no certo caminho da derrota e do desencanto.

A política educacional para um novo Brasil – nos alertam estes textos – pode ser construída de forma lenta, mas nunca regredindo nas conquistas historicamente acumuladas. A vitória de Lula e, junto com ele, dos movimentos sociais e populares que com suas lutas a fizeram possível, nos obrigam a não desistir, a não abandonar a vontade transformadora que deve alimentar a imperiosa reconstrução do espaço público e da democracia efetiva, numa sociedade marcada pelas injustiças, pela exclusão e pela miséria das grandes maiorias. A marcha das mudanças, não por difícil e sinuosa, deixa de ser necessária e urgente. Essa é a mensagem fundamental que se reconhece nos documentos e textos aqui compilados.

A estrutura do livro é simples e nada tem de original. Cada capítulo é precedido de uma pequena apresentação que contextualiza o documento ou manifesto selecionado. Abre o volume uma carta que pretende situar o clima político vivido nas horas seguintes à vitória do PT no segundo turno das eleições nacionais de 2002. A mensagem, enviada a alguns amigas e amigos dentro e fora do Brasil, teve uma ampla circulação pela internet. Acreditamos que sua publicação é oportuna já que reacende a chama de um otimismo que os tempos presentes parecem empenhados em apagar. Fecha o volume um pequeno ensaio sobre a pedagogia da esperança, combustível inesgotável em todo processo de mudança radical.

Editamos este livro oito meses depois de iniciado o Governo Lula. Não desconhecemos nem deixamos de sentir uma esquizofrênica sensação que navega entre a certeza de que tudo é possível, mas que nada parece estar em condições de mudar. Por arbitrariedades geográficas irreparáveis, os organizadores desta obra são estrangeiros. Nascemos em países, de certa forma, semelhantes. Dois países, cujos governos autoritários, uma vez, estiveram dispostos a derramar sangue inocente para disputar a propriedade territorial de duas pequenas ilhas no Sul do Atlântico. Dois países que, para além da heróica história de seus povos, em algum momento se irmanaram tragicamente na brutal arbitrariedade comandada por um general alcoólatra e respondida por uma primeira-ministra pré-humana de espírito pinochético. Somos estrangeiros nativos de uma terra que adotamos e amamos porque a sabemos digna de um futuro melhor. Nossa dança pouco agraciada e nosso inocultável sotaque nos revelam diferentes. Todavia, o orgulho de sentir-nos parte desta história nos fazem da mesma matéria que os milhares de brasileiros e brasileiras que, o domingo 27 de outubro de 2002, apostaram numa mudança democrática e popular, numa mudança efetiva no rumo das políticas públicas herdadas do dilúvio neoliberal que castigou nosso passado recente. Sermos estrangeiros tem nos impedido votar nas últimas eleições nacionais. Teríamos gostado. Por enquanto, nos contentamos em contribuir para que "nosso" governo não esqueça as razões da vitória e o mandato que lhe foi conferido. Organizar este livro é uma humilde forma de fazê-lo.

                        PABLO GENTILI

                        TRISTAN MCCOWAN

Rio de Janeiro, agosto de 2003

PREFÁCIO

A ESTRELA DA ESPERANÇA

Rio de Janeiro, 27 de outubro de 2002

Caros amigos e amigas,

Aqui ainda sentimos retumbar os tambores dos festejos. Domingo foi um dia inesquecível para milhões de brasileiros e brasileiras. Também para aqueles de nós que, não o sendo, fazemos desta a nossa terra de todos os dias. Para aqueles que, aqui ou lá, sonham com um mundo mais justo, mais humano e mais solidário.

Muitas são as especulações sobre o Governo de Lula. Embora ele nem tenha começado, alguns já profetizam que nada conseguiremos fazer se tivermos a impertinência de nos desviarmos um milímetro do rumo estabelecido pelos senhores do mundo. "Acabará como Felipe González", afirmam os que sabem dominar as regras de um futuro tão desolador quanto o inexorável presente que nos obrigam a sofrer. "Lula ganhou porque não é mais o que era antes", dizem outros, dispostos a entoar o réquiem do que ainda não nasceu.

Será que o Governo de Lula irá nos trair? Talvez haja motivos para pensarmos que sim. Mas a pergunta não deixa de ser irrelevante se a abstrairmos das condições e construções que nos permitiram chegar até aqui. Quando a formulamos travestida de afirmação desencantada diante das possibilidades efetivas que os povos têm de ser, eles mesmos, os verdadeiros donos de sua própria história. Hoje, muitos de nós, simplesmente não queremos fazer essa pergunta. Não porque não sejamos realistas, senão justamente porque o somos. Não porque não sejamos pragmáticos, mas justamente porque queremos sê-lo. Um realismo e um pragmatismo diferentes àqueles que nos propõem os que se dizem capazes de tranqüilizar os mercados. E também diferentes daqueles que nos convidam a experimentar os que supõem que nenhum governo, nem hoje nem amanhã, sabe-se lá por que causa misteriosa, terá condições de fazer nada, a não ser submeter-se às imperiais regras impostas pelos donos do dinheiro.

Somos realistas e pragmáticos. De um certo modo, tudo continua igual. O Brasil é um território de miséria e exclusão, onde a extraordinária acumulação de riqueza convive com uma brutal e infinita produção de pobreza. Tudo continua sendo como sempre foi. Mas o nosso realismo não pára por aí. Não se choca contra o muro de 500 anos de infortúnio. Não se conforma com isso. Somos realistas porque somos capazes de ver que, apesar de tudo, demos um passo extraordinário. Em poucas semanas, um operário metalúrgico, líder de um partido de massas, participante de uma constelação de movimentos populares e democráticos, nascido em um Nordeste repleto de injustiças, que teve uma infância com pouca escola, pouca comida, pouca água, poucos brinquedos e muita dignidade. Em algumas semanas, esse brasileiro igual a milhões de brasileiros (tão igual que nem presidente parece) irá ocupar o palácio que aqui se reserva aos ricos ou àqueles que os representam. Aos donos da terra ou àqueles que os representam. Aos ditadores de colarinho verde ou de colarinho branco. Aos que sempre, de uma forma ou de outra, pretendem nos convencer de que devemos nos contentar em viver numa sociedade partida, desigual, racista e excludente.

Somos realistas. No domingo quem ganhou foi o Brasil dos que estão do outro lado da fronteira: dos negros, dos índios, dos nordestinos, dos favelados. O Brasil dos meninos e meninas sem escola. No domingo ganhou o Brasil dos direitos negados. E também ganhou o Brasil da esquerda, do PT e dos partidos populares, do Movimento Sem Terra, da CUT, dos sindicatos docentes, dos movimentos de direitos humanos, das ONGs cidadãs. Ganhou o Brasil das administrações populares, dos governos que, em estados e municípios, demonstram há anos que é possível governar com o povo e para o povo; que a política é "pública" quando é construída de baixo para cima. Somos realistas: no Brasil, faz mais de uma década que a esquerda vem demonstrando que, quando governa, governa bem. E "bem", não quer dizer apenas manter a economia "estável e sem sobressaltos", mas também desenvolver programas democráticos de reforma da educação, da saúde, da gestão pública e da assistência social. Somos realistas: no domingo não foram os banqueiros que ganharam. Não ganhou o FMI, nem a velha ou a nova direita. Não ganharam os que governam esta terra há mais de 500 anos. No domingo, ao menos "esse" domingo, "eles" perderam, mesmo que agora procurem dissimular.

A história é um hieróglifo de difícil decodificação. Confundir seus sinais pode ser o melhor caminho para repetir as derrotas. Hoje festejamos porque quem ganhou foi o Brasil dos pés descalços, das caras sujas, da roupa sempre gasta. E agora, que as fronteiras se tornam difusas, é preciso dizer de que lado estamos. As forças políticas e sociais que criaram as condições efetivas para a vitória de Lula precederam os acordos eleitorais dos últimos meses. Acordos que, certamente, estão longe de ser a única causa que explica a avassaladora vitória eleitoral do PT.

É hora de festejos e de preparativos. É hora de pedirmos aos tambores que continuem dando compasso à nossa marcha. Não nos peçam para entoar um réquiem deprimente, quando o que queremos é multiplicar os sons de uma interminável canção de luta. Não nos peçam para nos abismarmos na profundidade de um quarteto de cordas, quando o que queremos é nos desarmar ao ritmo do rap. Não nos peçam seriedade, quando o que queremos é nos somar à caravana de um pagode libertino e sensual. Não nos peçam para entoar a marcha triunfal, quando nos conformamos com uma doce canção de ninar.

Eu, devo confessar, estou à flor da pele. Com uma alegria infantil e um pavor senil. De tão a mil, fiquei atérmico: me arrepio a cada minuto mesmo quando os termômetros tentam me convencer de que fazem 33 graus à sombra. Estou à flor da pele, e como diz a canção de Zeca Baleiro, "qualquer beijo de novela me faz chorar".

No domingo, aqui e lá, nós, brasileiros e brasileiras nascidos nos mais recônditos lugares do mundo, não tivemos medo de gritar nossa alegria, de abraçar nossas esperanças, de decifrar nossas perguntas, de confessar nossos medos, de chorar de mãos e corações agarrados. O céu se encheu de estrelas, de flores, de fogo e cores alucinantes. De bandeiras vermelhas. E de lágrimas brilhantes.

Estou à flor da pele, talvez porque tenha um filho brasileiro que, como muitos outros meninos e meninas, neste domingo, festejava na praia com sua bandeira tremulando. Uma bandeira linda, radiante, com uma estrela vermelha assim de grande. Uma estrela que iluminava a areia e a espuma do mar. Ali, na praia, onde ele cantava, pulava e ria, senti orgulho de estar aqui. Um orgulho bobo, trivial, inconsistente talvez, como todo orgulho. Mas enorme. Enorme como o sorriso de Lara, a filha de Gaudêncio, que envolta em sua bandeira vermelha e em seus vinte e um anos de pura luz, me abraçou dizendo: "pude eleger o presidente que quero, de quem eu mais gosto, em quem mais queria votar".

Naquele momento me lembrei de uma história que nos foi contada há pouco tempo, por uma das grandes figuras intelectuais da América Latina, Pablo González Casanova. Dom Pablo contava que, anos atrás, quando foi convidado para seu primeiro encontro com o Sub-comandante Marcos, teve que percorrer uma longa distância, adentrando-se na selva chiapaneca. O Sub o esperava em algum lugar tão misterioso quanto era, para Dom Pablo e seus companheiros, a sombra das árvores impávidas, o barro que os devorava até os joelhos e o silêncio da noite alerta. Chegaram a um lugar igual a dezenas de lugares já percorridos. Atentos, esperavam pelo início do encontro. Nervosos, ansiavam pelo começo do discurso. Dom Pablo fechou os olhos. Sentiu que, na solidão da selva, o ar denso carrega as marcas do sofrimento ancestral de povos dispostos a construírem sua própria história. Abriu as mãos e sentiu que milhares de mãos negras, mãos brancas, mãos índias, mãos com barro, mãos com óleo, mãos com tinta o abraçavam. Mãos doces que, com suas carícias, lhe explicavam o sentido de estar ali. Dom Pablo fechou os olhos e descobriu que, mesmo que o Sub-comandante ainda não tivesse chegado, o discurso estava começando. Com a lama até os joelhos, decidiu não mais conter as lágrimas, para poder escutá-lo melhor.

Olhando para o mar, com Mateo sentado em meus ombros, recordei a história que, com algumas palavras a mais ou a menos, Dom Pablo nos contava.

Já se passaram algumas horas desde a vitória. Em alguns momentos, sinto que me invade uma esquizofrênica depressão. O que me consola é saber que, depois do parto, a sensação costuma ser a mesma. Talvez seja isso. Sim, é isso: estamos parindo um novo Brasil.

>Um grande abraço,
>
>PABLO GENTILI

CAPÍTULO I

UM PROJETO POLÍTICO-EDUCACIONAL PARA O NOVO BRASIL

APRESENTAÇÃO

Uma escola do tamanho do Brasil, *texto de base do Programa de Governo apresentado pelo Partido dos Trabalhadores nas últimas eleições nacionais, foi redigido num momento em que a candidatura de Luiz Inácio Lula da Silva se ampliava, ganhando densidade social e agregando setores antes renitentes à formulação de um projeto político democrático e popular. A proposta do Governo Lula para a educação deve ser lida no contexto dessa conjuntura e, de certa forma, deve interpretar-se como um chamado de alerta para o enorme desafio que se abriria na construção de uma política educacional que fosse na contra-mão das reformas neoliberais herdadas do passado.*

Escrita por destacados professores e pesquisadores engajados nas lutas populares, Uma escola do tamanho do Brasil *reflete os anseios do movimento organizado em defesa da educação pública que, nas últimas três décadas, marcou o cenário educacional brasileiro. A educação, concebida como pilar do desenvolvimento nacional — o que não deixa de estar presente também nesta proposta de governo —, ocupou, durante toda a segunda metade do século vinte, lugar de destaque nos programas governamentais. Tomando a educação em seu significado mais político e humanitário, os movimentos sociais, em especial o movimento dos trabalhadores da educação, imprimiram novas exigências às pautas dos diferentes governos passados, dos militares a Fernando Henrique Cardoso.*

As conquistas obtidas na Constituição Federal de 1988, tais como a ampliação do direito à educação pública e gratuita e a adoção do princípio da gestão democrática do ensino público, entre outras, foram produto das lutas em defesa da educação pública, gratuita e para todos, empreendidas pelos movimentos sociais e populares organizados. Tais movimentos se consolidaram no decorrer da década de 90, a partir do processo de tramitação da Lei de Diretrizes e Bases da Educação Nacional, Lei nº 9493/96, e da permanente tentativa de elaboração de um Plano Nacional de Educação (PNE) que refletisse as demandas da sociedade civil pela ampliação do direito democrático a uma escola de qualidade.

Assim, a exigência de definição de políticas de financiamento para a educação básica que atendessem da educação infantil ao ensino médio; as resistências enfrentadas pela reforma da educação profissional, imposta por decreto; a manifestação de repúdio às políticas de aligeiramento da formação de professores, também impostas de forma autoritária; e, mais recentemente, as lutas em torno da defesa de uma educação inclusiva, em todos os níveis do sistema, são os componentes de uma luta que se reconhece de forma direta ou indireta nas proposições apresentadas no documento Uma escola do tamanho do Brasil.

Ler este texto, considerando essa conjuntura de lutas e reivindicações, implica reconhecer que seus autores efetivos são os trabalhadores e trabalhadoras da educação que, cotidianamente, enfrentam uma realidade de injustiças e exclusão. Uma realidade que degrada as condições necessárias para o desenvolvimento de uma escola de qualidade, submetendo a boa parte das crianças e jovens à evidência de que o direito à educação está reservado, no Brasil, àqueles que têm dinheiro para compra-lo. Os autores e autoras deste texto são sindicalistas, reunidos em horas intermináveis de congressos, discutindo pautas, ementas, destaques e substitutivos às teses e planos de lutas. São estudantes, professores, pesquisadores que se debruçaram muitas horas em torno de importantes questões, buscando soluções exeqüíveis para antigos problemas. São pessoas anônimas que lutam e sonham com uma escola mais justa, num País onde o exercício da cidadania não seja apenas um recurso discursivo para alimentar promessas eleitoreiras.

Sendo uma proposta de governo, Uma escola do tamanho do Brasil, exige enormes esforços estratégicos, bem como uma decidida vontade política para que seus princípios possam passar da teoria à prática. As contradições inerentes a um governo de coalizão podem impedir a plena efetivação das políticas assumidas neste documento. Tornar-se governo é bem diferente de pretender sê-lo; pois, como bem observa Guimarães Rosa: "Uma coisa é por as idéias arranjadas, outra é lidar com o País de pessoas, de carne e sangue, de mil e tantas misérias...".

O presente capítulo nos estimula a reconhecer que a luta será longa e difícil. Mas, também, que é necessário e urgente mudar o rumo que o neoliberalismo tem imposto às políticas educacionais. Uma escola do tamanho do Brasil, tem que se tornar uma realidade efetiva para todos aqueles historicamente negados.

DALILA ANDRADE OLIVEIRA
(Faculdade de Educação/UFMG)

Fonte do presente capítulo:

• UMA ESCOLA DO TAMANHO DO BRASIL,
Partido dos Trabalhadores, São Paulo, agosto de 2002

Documento elaborado pelo GT da Átrea de Educação, Ciência & Teconologia do Partido dos Trabalhadores (PT). Coordenador Geral: Newton Lima Neto; Coordenador da Área de Educação Básica: Antonio Ibañez Ruiz; Coordenador da Área de Educação Superior: Valdemar Sguissardi; Coordenador da Área de Ciência & Tecnologia: Luiz Pinguelli Rosa. Membros do Subgrupo de Educação Básica: Carlos Augusto Abicalil, Cristóvan Buarque, Gaudêncio Frigotto, João Monlevade, Jorge Lorenzetti, Maria José Feres, Miguel Arroyo, Neroaldo Pontes de Azevedo, Prefeito Pedro Wilson, Rosiver Pavan. Membros do Subgrupo de Educação Superior: Dilvo Ristoff, Jair Borin, Hélgio Trindade, Maria Beatriz Luce, Nelson Amaral, Tomaz Aroldo da Mota Santos. Membros do Subgrupo de Ciência & Tecnologia: Ildeu de Castro Moreira, Gilberto Corrêa, Lígia Rodrigues, Marcos Dantas, Paulo Rodrigues, Gláucia Oliveira, Roberto Romano da Silva. Assessores: Francelino Grando, Lucia Iwanow, Lucia Helena Lodi.

UMA ESCOLA DO TAMANHO DO BRASIL

Partido dos Trabalhadores

A educação em todos os seus níveis é um direito social básico e universal. É direito fundador e constitutivo dos sujeitos históricos e coletivos, pois é a partir da compreensão da relação que os homens estabelecem entre si e com a natureza que são garantidos, ampliados e criados novos direitos.

A educação é vital para romper com a histórica dependência científica, tecnológica e cultural e para a construção de uma nação autônoma, soberana e solidária na relação consigo mesma e com outras nações.

Assim, a base da concepção educacional do PT é o direito inalienável do povo a uma escola pública de qualidade, que garanta a todos os cidadãos a satisfação da necessidade de um contínuo aprendizado.

A educação é, nos termos constitucionais, um direito do cidadão e um dever do Estado e da família. Quando de responsabilidade direta do Estado, será gratuita.

A expansão do sistema educacional e a elevação de seus níveis de qualidade são prioridades do novo modelo de desenvolvimento social a ser implementado pelo governo do PT.

O atendimento dessa dimensão social exige a formulação de propostas vinculadas à educação, tais como: a bolsa-escola e a bolsa-universidade, associadas aos programas de renda mínima, como forma de combate à exclusão social; programas de formação profissional e de educação de jovens e adultos, dada a precária situação de escolaridade dos trabalhadores brasileiros; o investimento em pesquisa e desenvolvimento; a universalização da educação básica e a ampliação significativa da educação superior.

As propostas e metas de ação no campo da educação básica e da educação superior que o Programa de Governo do Partido dos Trabalhadores oferece à avaliação da sociedade brasileira são resultado de um acúmulo de vivências, experiências, reflexões de especialistas e de trabalhadores da educação em todos os níveis do sistema educacional do país, e, no caso da educação básica, em especial das discussões e das práticas implementadas pelas administrações democrático-populares de nosso partido. São também fruto de um trabalho coletivo, iniciado desde a fundação do PT, que inclui contribuições dos Programas de Governo das campanhas de 1994 e 1998, da Comissão Nacional de Assuntos Educacionais (CAED) e das resoluções dos Congressos Nacionais de Educação (Coned). Também contribuíram para essas propostas os seminários regionais de educação, ciência e tecnologia realizados pelo PT em Belém, Belo Horizonte, Brasília, Porto Alegre, Recife, Rio de Janeiro e São Paulo, entre maio e junho deste ano. Finalmente, cabe lembrar ainda os documentos preparados pela bancada do partido no Congresso Nacional, sobretudo no que se refere à discussão do Plano Nacional de Educação e à proposta de transformação do Fundef (Fundo de Manutenção e Desenvolvimento do Ensino Fundamental e Valorização do Magistério) em Fundeb (Fundo de Manutenção e Desenvolvimento da Educação Básica).

Os objetivos que direcionam o conteúdo destas propostas e metas nascem do reconhecimento da educação como direito inalienável, assim como da indignação diante dos enormes índices de exclusão educacional, cultural e científica do povo brasileiro. Num contexto de tantas exigências, seja no campo dos direitos da cidadania, seja no mundo do trabalho, amargamos indicadores de elevado grau de analfabetismo, de carência de vagas na educação infantil, de escolaridade média dos trabalhadores brasileiros de apenas cinco anos e de reduzidas oportunidades de ensino técnico e superior para nossos jovens.

A reversão desse quadro impõe a construção de uma *Escola do Tamanho do Brasil*, tarefa que o governo Lula se compromete a realizar.

1. Pressupostos Gerais e Diretrizes

A educação tem um lugar privilegiado no campo dos direitos sociais. É ao mesmo tempo determinada e determinante da construção do desenvolvimento social de uma nação soberana.

A educação básica dever ser gratuita, unitária, laica e efetivar-se na esfera pública como dever do Estado democrático. Além de ser determinante para uma formação integral humanística e científica de sujeitos autônomos, críticos, criativos e protagonistas da cidadania ativa, é decisiva, também, para romper com a condição histórica de subalternidade e de dependência científica, tecnológica e cultural, visando à construção de uma nação autônoma, soberana e solidária na relação com outras nações.

A educação superior é reconhecida por seu valor na formação acadêmica e ética de recursos humanos, nas atividades de pesquisa científica e tecnológica e no desenvolvimento cultural, econômico e social. As fortes demandas populares por acesso à educação superior situam-na hoje no horizonte dos direitos sociais básicos.

As universidades públicas e os institutos de pesquisa – na qualidade de instituições complexas, que detêm a síntese da capacidade intelectual, científica e cultural – devem ser valorizados e integrados ao processo de desenvolvimento nacional, considerando sua importância na recuperação da capacidade de produção endógena de tecnologia e seu papel crítico diante da sociedade.

Defendemos uma escola unitária, que supere o dualismo da organização social brasileira, com reflexo no sistema educacional, que, desde suas origens, separa a educação geral, propedêutica, da específica e profissionalizante, a primeira destinada aos ricos, e a segunda, aos pobres. Rejeitamos as visões economicistas de subordinação linear da educação às determinações do mercado, que a reduzem a treinamentos rápidos para preenchimento de postos de trabalho transitórios.

Não aceitamos como fatalidade, como fenômeno histórico inexorável, a forma de globalização econômica e cultural guiada por ações de orientação neoliberal, que, em várias partes do mundo, exclui milhares de seres humanos dos direitos sociais básicos e dilacera as condições de cidadania.

A educação é decisiva para romper a lógica vigente, pela qual os mais pobres estariam destinados à exclusão e, por isso, deveriam ter acesso apenas a conhecimentos igualmente pobres, fornecidos por processos de instrução simplistas e simplificados, a partir de uma orientação política segundo a qual investimentos mais substantivos do ponto de vista da concepção ou do financiamento, por parte do Estado, significariam "desperdício" de recursos públicos.

Um projeto que assegure a educação como direito obedecerá a três diretrizes gerais que vêm sendo construídas pelos movimentos sociais comprometidos com mudanças estruturais do país e implementadas por diversos governos democrático/populares:

- Democratização do acesso e garantia de permanência;
- Qualidade social da educação;
- Democratização da gestão da educação.

1.1. Democratização do acesso e garantia de permanência: entrar, ficar, fazer e aprender na escola.

A ampliação do tempo de duração da educação básica no Brasil é necessária e possível. Depende de vontade política e da ousadia em investir mais recursos, colocando-os sob controle público, promovendo, dessa forma, o acesso e a permanência de crianças, adolescentes, jovens e adultos nas escolas.

Democratizar o acesso e a permanência na escola significa superar a dicotomia estabelecida entre qualidade e quantidade. Qualidade para poucos é privilégio, e educação é direito! Qualidade é fator fundamental para o resgate de uma dívida social histórica, que exige a inclusão, na escola, dos 60 milhões de brasileiros com 15 anos ou mais, que não tiveram possibilidade de concluir sequer a escolaridade fundamental.

Democratizar o acesso não significa, apenas, construir novas escolas, pois isto não garante o atendimento, principalmente no campo, onde a mobilidade populacional é elevada e as grandes distâncias dificultam o acesso. É preciso ampliar o atendimento e assegurar a utilização plena de todas as alternativas disponíveis, articuladas a uma adequada política de transporte escolar.

A construção de um Sistema Nacional Articulado de Educação, responsável por institucionalizar o esforço organizado, autônomo e permanente do Estado e da sociedade, por meio de gestão democrática e cooperativa, fará com que questões como a ampliação de escolas, a manutenção da rede escolar existente e as demais condições viabilizem o acesso e a permanência de todas as crianças nas escolas.

Onde for necessária a ampliação da rede escolar, esta se dará com base em censos escolares realizados em parceria com Estados e municípios e de acordo com as prioridades afirmadas no orçamento participativo de seus governos.

Programas de renda mínima e outras ações destinadas à geração de emprego e renda serão implementados, com prioridade, para que as famílias tenham condições de manter as crianças na escola, e jovens e adultos, condições de nela permanecer.

Onde for possível, será de imediato ampliado o tempo de permanência das crianças e dos adolescentes nas escolas, visando a universalização, no futuro, da escola de tempo integral, tal como prevê a Lei de Diretrizes e Bases da Educação Nacional.

1.2. Qualidade social da educação: garantir a aprendizagem

A educação é um processo permanente de apropriação do conhecimento já produzido pela humanidade e de produção de novos conhecimentos, sendo a escola seu espaço privilegiado. Nela, deve o aluno, orientado pelos professores, aprender a ler, a escrever, a interpretar cientificamente os fenômenos da natureza e as relações humanas e a se relacionar criativa e responsavelmente com seu meio e com o mundo.

Se a escola tem, historicamente, produzido a exclusão por meio dos fenômenos da evasão e da repetência, possibilitar a permanência de todos e a aprendizagem exige, necessariamente, repensar a estrutura seriada da escola. Todos podem aprender; a escola é que deve mudar seus tempos e espaços, reorganizando-se para tanto.

Tratar o conhecimento a partir do enfoque interdisciplinar, superando a fragmentação e a segmentação; planejar a ação coletiva do trabalho docente e dos demais segmentos da escola; superar a avaliação classificatória e seletiva; estabelecer a avaliação participativa, diagnóstica e formativa; considerar os ritmos e tempos de aprendizagem dos educandos; e firmar compromisso ético e político de promover o acesso ao conhecimento para todos estão entre as ações necessárias a uma escola voltada para a formação de cidadãos plenos, que o governo do Partido dos Trabalhadores quer implantar.

A educação é um processo permanente de construção e deve ter, como pressuposto, o princípio de que o aluno não é um receptáculo do conhecimento produzido socialmente. No que toca ao ensino-aprendizagem, ela implica a apropriação do conhecimento, sua reconstrução e sua transformação. Portanto, cabe à educação partir das experiências sociais, cognitivas, afetivas e culturais do educando para superá-las, construindo novas sínteses, concepção fundamentalmente oposta à do atual governo, em que educação assume uma fisionomia utilitarista e linear, ligada ao conceito de instrução.

A escola e outras alternativas educacionais, como a educação continuada, o aprendizado educativo no trabalho, a educação a distância, com qualidade, são instrumentos importantes para expressar o conceito de educação defendido pelo PT, o qual implica compromisso com a elevação do nível cultural da população e de sua escolaridade.

Partindo da base – escolas, cursos, programas e atividades –, nosso plano de ação educativa concebe a escolarização como patrimônio da sociedade. Sua administração, seu planejamento e sua realização devem dar-se da forma mais ampla e democrática possível, assumindo todas as concepções culturais, etnias, princípios e orientações, conforme está expresso na Constituição de 1988.

O que deve ser ensinado é uma questão-chave que aflige a todos os que participam do processo educativo que se realiza, principalmente, na instituição escolar. O currículo expressa, sempre, as relações de poder existentes numa dada sociedade. Por isso, cabe à escola definir seu plano pedagógico, orientado por um processo democrático que assegure ampla participação de todos os segmentos que a constituem, para que seu currículo promova a formação de sujeitos sociais e tenha um foco histórico, pautado na contemporaneidade, na diversidade cultural e na realidade em que a escola está inserida.

Nós, do PT, defendemos uma organização curricular baseada em princípios de totalidade, como a interdisciplinaridade, a participação e a competência técnico-política, diferente, portanto, da proposta educacional do governo FHC, que se assenta sobre conteúdos e programas compartimentalizados, fragmentados e sem maior significação para a vida cotidiana. A prática social e a experiência de vida dos alunos devem ser incluídas, como elementos fundamentais, na organização do conhecimento e da cultura.

À semelhança dos demais profissionais brasileiros, os trabalhadores em educação vêm sendo vítimas do modelo de desenvolvimento gerenciado pelo governo FHC, que se pode definir como a "era do desmonte". A defesa do Estado mínimo tem gerado políticas desagregadoras e ampliado sua ausência nas áreas sociais; tem fechado cursos e exigido dos profissionais uma competência para a qual não foram habilitados. Esse mesmo Estado mínimo não se empenha em melhorar salários e, especialmente, em oferecer um programa de formação estrutural, emergencial, e não apenas estratégia de *marketing*.

Há um real descompasso entre as exigências das mudanças político-sociais e econômicas e a redistribuição salarial, a proposta formativa e as relações trabalhistas.

O Partido dos Trabalhadores considera que algumas diretrizes de atuação governamental são fundamentais para a valorização dos docentes, dos demais profissionais da educação, e para estabelecer condições de se instalar um exercício profissional de qualidade. A formação inicial e continuada dos profissionais de educação, o exercício da atividade em tempo integral, o ingresso na carreira por concurso público, um salário digno, progressão funcional baseada na titulação e na avaliação de desempenho, além das necessárias condições de trabalho, incluem-se entre os deveres do Estado e são, também, os elementos que compõem o estatuto social e econômico desses profissionais.

A avaliação do sistema educativo é uma necessidade, um instrumento de reorientação e de melhoria de sua qualidade. Por isso, deve ter um caráter prioritariamente diagnóstico e formativo, e apontar ações de superação das dificuldades.

A avaliação do desempenho profissional deve estar ligada às políticas nacionais de formação, de aperfeiçoamento, de atualização pedagógica e curricular, vinculada aos problemas concretos da comunidade. Por essa razão, não deve ser uniformizada, nem pode desconhecer a diversidade das condições, de equipamentos sociais e didáticos de cada posto de trabalho. Além disso, não pode ter como centro, exclusivamente, a medição de conhecimentos e de competências, excluindo as estratégias pedagógicas, a dedicação, o empenho, o esforço, a motivação e o interesse.

Para ser correta, a avaliação deve considerar as diferenças e desigualdades existentes nos sistemas educativos e evitar a utilização de parâmetros mercantis de produtividade, que desconsiderem a natureza própria do trabalho pedagógico.

Os títulos com reconhecimento público são idôneos para qualificar a ascensão na carreira profissional, e a avaliação observará o envolvimento do/a profissional com sua função social, na formação de uma atitude coletiva de consciência crítica e cidadania plena.

Como representantes legítimos dos interesses e direitos dos/as profissionais da educação, os sindicatos serão convidados a contribuir na elaboração e no acompanhamento dos processos de avaliação a serem implantados.

1.3. Democratização da gestão da educação

O Estado democrático se sustenta na auto-organização da sociedade e na atuação dos sujeitos políticos que o constroem e o reconstroem cotidianamente. Nosso projeto educacional deve desdobrar, em seu âmbito específico, a política global de democratização, conclamando a sociedade a participar da formulação, da gestão e da fiscalização das políticas públicas para a educação nos diferentes níveis, aspectos e instâncias de seu desenvolvimento.

Democratizar é construir participativamente um projeto de educação de qualidade social, transformador e libertador, em que o sistema de ensino e, especialmente, a escola sejam um laboratório para o exercício e a conquista de direitos, voltado à construção de um projeto social solidário, que tenha, na prática da justiça e da liberdade, no respeito humano, nas relações fraternas entre homens e mulheres e na reconstituição da relação harmônica com a natureza, o centro de suas preocupações.

Para democratizar a gestão, faz-se necessário subordinar o aparelho administrativo às exigências da democracia, superando o funcionamento burocratizado, autoritário, departamentalizado, atomizado, verticalizado e centralizado dos órgãos técnico-administrativos, com a adoção de uma dinâmica de funcionamento interdisciplinar e descentralizado, com a capilaridade exigida pelo processo de participação da sociedade nas diversas instâncias de definição de políticas públicas para o setor. Daí o compromisso de criar canais orgânicos de participação, autônomos, democráticos, representativos, paritários e articulados entre si, desde a unidade escolar até o nível mais geral do sistema de ensino, em que a escolha dos representantes em órgãos colegiados e dos dirigentes das unidades escolares em todos os níveis seja feita, mediante eleição direta, pela comunidade.

2. A Política Educacional do Governo FHC

As características marcantes da atual política educacional são: centralização no controle de todos os níveis de ensino; descentralização na sua execução; privatização no atendimento da educação superior e infantil; baixa qualidade do ensino fundamental e médio e insuficiência geral de recursos.

A capacidade formuladora e de controle está fortemente concentrada no governo federal, via mecanismos centralizadores como os Parâmetros Curriculares Nacionais, a exigência de adesão aos programas de reformas educacionais como condição de acesso a recursos, procedimentos de avaliação centralizados e classificatórios. Em alguns casos, a autonomia dos sistemas tem legitimado importantes experiências educacionais voltadas a projetos pedagógicos emancipatórios. Na imensa maioria deles, contudo, a exigência de adesão e a concorrência têm sido a regra do relacionamento entre as esferas administrativas que respondem por 49 milhões de matrículas na educação pública básica, dispensando tratamento desigual a cidadãos de mesma dignidade, pelo fato de estarem matriculados numa ou noutra rede pública.

Têm-se agravado os conflitos em relação ao transporte escolar, à organização curricular, à transferência e às matrículas, às unidades escolares, à cessão de pessoal, aos direitos trabalhistas, à previdência pública, sem solução articulada e com graves conseqüências sobre a formação dos alunos.

O controle centralizado do governo federal em avaliações implementadas, como o Exame Nacional do Ensino Médio (Enem) e o Exame Nacional de Cursos (Provão), focaliza o produto final, e não o processo educativo, bem nos moldes do controle de qualidade realizado pelas empresas no final da linha de produção. Essa forma de avaliação serve para destacar alguns efeitos especiais, pelos quais o MEC tem grande interesse, como a classificação dos Estados quanto à educação básica e a competição entre as universidades.

Mesmo assim, o Enem revelou as profundas diferenças de desempenho dos alunos no ensino médio, fruto das desigualdades de base e do progressivo comprometimento da qualidade da educação básica estadual e municipal. Entre as muitas causas dessa realidade perversa estão a falta de compromisso dos governos e as más condições de ensino, advindas, principalmente, dos baixos salários, da sobrecarga de trabalho dos professores e da falta generalizada de professores em disciplinas como Física, Matemática, Química e várias outras.

Da mesma forma, os resultados das avaliações realizadas pelo MEC, utilizando o Sistema de Avaliação da Educação Básica (SAEB), confirmam que o desempenho dos alunos do ensino fundamental tem piorado a cada avaliação.

Assim, a descentralização executiva incrementada nos oito anos de FHC, longe de alcançar uma efetiva e conseqüente descentralização e democratização do poder, produziu os piores resultados qualitativos.

A descentralização na execução também se confundiu com a desobrigação da União quanto ao financiamento da educação. A implantação dessa política agravou-se, no âmbito da escolarização obrigatória, com a criação do Fundo de Manutenção e Desenvolvimento do Ensino Fundamental e Valorização do Magistério – Fundef.

Pelo Fundef, o governo federal deveria repassar recursos aos Estados cujo investimento-aluno-ano fosse menor do que o estabelecido nessa lei. Entretanto, ao fixar um valor mínimo anual por aluno menor do que a média geral do investimento-aluno-ano feito pelos Estados, a União, em vez de beneficiar quinze Estados, como se previa na proposta original do Fundef, complementa recursos de apenas quatro. Com isso, a dívida do governo federal, desde 1998, soma quase 9 bilhões de reais. Assim, o governo federal não só se livra do repasse de recursos, mas também consolida as desigualdades entre Estados, praticando, em vez de uma política de eqüidade, uma política de "igualdade na pobreza".

Esse procedimento do Fundef decorre, em última análise, da política de financiamento das áreas sociais no Brasil. Segundo ela, o governo federal subtrai do orçamento da União o superávit acertado com o FMI, paga os encargos das dívidas interna e externa, bloqueia as verbas das emendas dos parlamentares para usar sua liberação em futuras negociações, cobre os desequilíbrios na previdência social, reserva recursos para investimentos nos Estados de acordo com barganhas políticas e destina o mínimo possível para a manutenção da máquina administrativa e os serviços públicos. Só então aloca o que sobra nas diversas áreas, obedecendo, no caso da educação e da saúde, aos percentuais mínimos vinculados de impostos, chegando ao cúmulo de reduzir esses recursos, seja pelo corte de 20% da Desvinculação de Recursos da União (DRU), seja pela substituição da cobrança de impostos federativos pela receita de contribuições sociais de uso exclusivo da União.

No MEC ocorre exatamente o seguinte: definindo-se, de antemão, os recursos a serem gastos ao longo do ano, fixa-se então o valor mínimo do Fundef, cada vez menor ano a ano, a despeito da inflação e do aumento das matrículas. O restante é distribuído pelos diversos programas, que são adequados às necessidades conjunturais ou de propaganda dos atos governamentais, como aconteceu recentemente com a bolsa-escola federal.

No caso da merenda escolar, a política do governo tem sido a do descaso, pois, desde 1995, o dinheiro que o governo repassa aos municípios é de **13 centavos** por aluno por dia, para o ensino fundamental, e de **6 centavos** por dia, para a educação infantil. Por isso, os municípios tiveram que reduzir a quantidade de alimentos oferecidos aos alunos e/ou piorar sua qualidade, uma vez que o preço da alimentação aumentou nesses quase oito anos do atual governo federal.

É essa a forma como o governo federal investe em educação. A expectativa de qualidade fica reduzida à possível, decorrente do que sobra do dinheiro investido. Percorre-se, assim, o caminho inverso ao que se deve percorrer quando se prioriza a educação. Como conseqüência, segundo dados do Ipea, publicados em "Políticas Sociais – Acompanhamento e Análise – I", de junho de 2000, em 1994 o governo federal investiu R$ 72,08 por habitante na área da educação, e em 1998 o investimento se reduziu para R$ 57,10. A redução de 21% no investimento educacional per capita é o triste epílogo do governo FHC.

3. Educação Básica: Diagnóstico

A concepção de educação básica, formulada na Constituição Federal de 1988 e melhor qualificada a partir da construção do projeto de LDB da Câmara Federal, inclui a educação infantil – creches e pré-escolas –, o ensino fundamental e o ensino médio.

3.1. Educação infantil

Fato inédito na legislação brasileira, a Constituição Federal de 1988 reconhece, no Art. 208, IV, o direito da criança de até 6 anos à educação e ao atendimento em creches e pré-escolas. Com isso, altera o caráter da educação, que deixa de ser assistencial e passa a ser educacional, como dever do Estado. O Art. 211, parágrafo 2º, determina que os municípios atuarão, prioritariamente, no ensino fundamental e na educação infantil. A LDB reafirma o caráter não-compensatório das creches e das pré-escolas, explicitando-as como instâncias de educação complementares à ação da família. O Estatuto da Criança e do Adolescente – Lei 8.069/90 – e o Programa

Nacional de Atenção Integral à Criança e ao Adolescente – Lei 8.642/93 – retomam o tema, reiterando direitos e reafirmando as responsabilidades do poder público.

Entretanto, a Lei 9.424/96, que dispõe sobre o Fundef, exclui o financiamento da educação infantil, dificultando que os municípios cumpram esse dever constitucional. De acordo com o Censo de 2001 (MEC/Inep), a população matriculada na creche e na pré-escola é de 5.912.150 crianças: 4.277.582 em escolas públicas e 1.634.568 em escolas privadas. Do total destas matrículas, 505.978 são de crianças de mais de 6 anos. Ainda existem 522.063 crianças com 6 anos matriculadas no ensino fundamental. A população de até 6 anos totaliza 23.000.000 crianças (IBGE: Censo Demográfico de 2002). Considerando-se os 4 milhões de crianças matriculadas em creches e "escolinhas" não-oficiais, mais os quase 6 milhões de matrículas oficiais, pode-se verificar uma grande demanda potencial de 13 milhões de crianças de até 6 anos, que corresponde à diferença entre a população, nessa faixa de idade, e o número total de matrículas.

A municipalização do ensino induzida pelo Fundef aumenta a preocupação com a educação infantil. Desde 1988, muitos municípios vinham investindo nesse nível de educação, não só em obediência ao preceito constitucional, mas também em resposta à crescente demanda social. A concentração de recursos no ensino fundamental impediu que os municípios expandissem o número de vagas em creches e pré-escolas, contrariando a lógica que deve orientar as políticas públicas e desconsiderando as necessidades de pais e de mães trabalhadores.

Ainda quanto à educação infantil, podemos constatar avanços, como o observado no cuidado do movimento popular com a educação da infância; na proliferação de ofertas comunitárias de espaços educativos (creches, maternais) organizados por associações populares; no reconhecimento da infância como um período específico de educação, socialização e aprendizagem; na inclusão da educação infantil na nova LDB, como um componente do direito à educação básica; na construção, ainda que lenta, de sistemas de educação municipais; no avanço do conhecimento sobre a especificidade educativa da infância, nas pesquisas, teorias e material didático; na formação de professores especializados no trato da infância e na inclusão dessa habilitação em muitas faculdades de educação; na incorporação de profissionais especializados nessa área às secretarias estaduais, municipais e a órgãos federais; na preocupação de construir espaços, prédios, equipamentos e materiais didáticos apropriados à infância, etc.

Em que pese esses avanços, a vivência da infância nos setores populares apresenta um quadro preocupante e desafiante para as políticas públicas: alto índice de mortalidade infantil e desnutrição; milhões de crianças submetidas à exploração do trabalho infantil; aumento do número de crianças de rua; precárias condições de cuidado e proteção das famílias, que se perpetuam nos limites da miséria, da pobreza e do subemprego; carência de políticas, de instalações, de equipamentos e de profissionais capazes de garantir os direitos da população infantil; falta de políticas abrangentes e coordenadas em todos os níveis de governo, tendo como foco a infância.

Podemos, também, constatar impasses, como o lento reconhecimento da infância como sujeito do direito à educação. Ainda convivemos, entre muitas coisas, com uma cultura política de que o direito à educação começa aos 7 anos e termina aos catorze, o que exclui as crianças de até 6 anos; o lento reconhecimento, por parte das políticas públicas, da especificidade da educação infantil, uma vez que ainda não foram incorporados os avanços da nova LDB; a exclusão da infância das políticas de financiamento-Fundef; o desmantelamento de redes municipais e estaduais de educação infantil, que vinham se consolidando e tiveram que deslocar recursos para o ensino fundamental, ou foram obrigadas a isso pela política do Fundef; a desvalorização dos profissionais dedicados a crianças de até 6 anos no que diz respeito a salários, carreira, qualificação, etc; a dificuldade em consolidar equipes especializadas na formulação de políticas de educação infantil nas instâncias administrativas federal, estadual e municipal; a falta de concursos para profissionais dedicados à educação infantil, o que desestimula a habilitação nessa área.

3.2. Ensino fundamental

Ainda que a propaganda governamental alardeie o contrário, sacrificar a oferta da educação infantil não assegurou a plena universalização do ensino fundamental. Ainda há praticamente 1 milhão de crianças entre 7 e 14 anos fora da escola, e o segmento que freqüenta a escola não está, necessariamente, na série adequada à sua faixa etária.

Essa prática não tem correspondido ao espírito da Constituição quanto à concepção de educação básica. Nos últimos anos, a educação brasileira sofreu grandes alterações, especialmente no campo institucional, por meio de reforma constitucional, com a Emenda 14, assim como pela aprovação das leis 9.394/96 e 9.424/96, respectivamente LDB e Fundo de Manutenção e Desenvolvimento do Ensino Fundamental e de Valorização do Magistério, além de outras legislações oriundas do Executivo, como decretos, medidas provisórias, avisos ministeriais, etc. Em que pese avanços na legislação, as políticas oficiais causaram prejuízos à educação básica, especialmente à de jovens e adultos com pouca ou nenhuma escolaridade e à da população em idade pré-escolar.

O governo propôs a criação de Fundos Estaduais constituídos por parte dos impostos de cada Estado e respectivos Municípios, por meio da subvinculação de 60% dos recursos constitucionalmente destinados à educação (25%). Disso resulta que 15% dos recursos constitucionais destinam-se exclusivamente ao ensino fundamental regular, restando apenas 10% para a educação infantil, educação de jovens e adultos e o ensino médio. Além disso, utiliza-se de uma fórmula que combina arrecadação e número de matrículas na respectiva rede, considerando um custo aluno/ano, custo este que **o governo sistematicamente se recusa a calcular conforme a Lei 9.424 determina. O débito da União com os Estados, conseqüência deste cálculo errado, chega a quase 9 bilhões de reais**, conforme mostra a tabela 1.

Tabela I — Comparação entre os recursos financeiros (em reais) que a União repassou aos Estados como complementação do Fundef e os que deveria ter repassado, de acordo com a Lei 9.424.

	1998	1999	2000	2001	2002*	Total
Repasses	486.656,3	579.989,0	485.455,0	445.258,2	871.868,8	2.869.227,4
Lei 9424	1.971.322,8	1.852.827,0	1.988.498,9	2.310.316,6	3.665.728,7	11.788.694,
Diferenças	1.484.665,5	1.278.238,0	1.503.043,9	1.865.058,3	2.793.859,9	8.919.466,7

Fonte: Nota Técnica n° 3/2002, da Consultoria de Orçamento e Fiscalização da Câmara dos Deputados.

* Previsão orçamentária

No Brasil, segundo estatísticas do próprio MEC, há hoje cerca de 35 milhões de matrículas no ensino fundamental, enquanto o IBGE aponta a existência de cerca de 27 milhões de crianças na faixa etária de 7 a 14 anos de idade. Embora o número de matrículas ultrapasse o suposto patamar a ser atingido, um aspecto importante a ser comentado refere-se aos quase 8 milhões de alunos maiores de 14 anos ainda matriculados entre a 1ª e a 8ª séries, vítimas de repetência continuada. Esses números indicam a necessidade de um projeto político-pedagógico que recupere esses alunos, tendo a aprendizagem como pressuposto principal.

3.3. Ensino médio

Quanto ao ensino médio, responsabilidade dos Estados prevista na Constituição Federal e na LDB, os problemas não se limitam ao acesso, ainda que comecem por ele. Dos jovens de 15 a 17 anos, 78,8 % estão na escola, sendo que 52,6% destes ainda freqüentam o ensino fundamental e, 44,2%, o ensino médio, segundo dados preliminares do IBGE, de 2002.

Considerando a população brasileira na faixa etária correspondente a essa etapa de ensino – 15 a 17 anos –, há cerca de 10,5 milhões de jovens a serem atendidos. O número de matrículas, todavia, é da ordem de 8,4 milhões, o que significa que 2.100.000 jovens não estão sendo atendidos. Analisando, ainda, os dados do MEC/Inep (Sinopse Estatística, 2001), verifica-se que os 4.515.144 de jovens com mais de 17 anos que ainda freqüentam o ensino médio constituem mais um forte indicador das distorções existentes. Devido ao atraso na escolaridade, somente 4 milhões estão na idade correta, o que corresponde a uma taxa de escolarização líquida de 40%.

Os problemas do ensino médio não param por aí. Na prática, a reforma implantada pelo governo federal não se concretizou, por diversas razões. Uma delas foi a falta de uma política de formação continuada de professores, que lhes permitisse assimilar os conhecimentos necessários para tal reforma. Outra é a carência permanente de professores nas áreas específicas de Matemática, Física, Química e Biologia. Nesse caso, o que se pode comprovar é a falta de disposição para dialogar com as universidades, para elaborar, conjuntamente, uma política de incentivo para as licenciaturas, a reformulação desses cursos e o estabelecimento de metas para a formação de professores, iniciativas que amenizariam, principalmente nos Estados, a situação de calamidade em que se encontram as escolas que oferecem nível médio, devido justamente à falta desses professores, assim como à falta de laboratórios, equipamentos, bibliotecas e condições físicas e ambientais de estudo.

Tabela 2 — Déficit de professores para a educação básica.

Idade e população	Modalidade	Matrículas informadas* A	Déficit de vagas estimado	Funções docentes informadas B	Relação professor/ aluno 1/(A/B)	Déficit estimado de docentes
até 6 anos 23.000.000	Infantil	5.912.150	13.000.000**	311.561	1/19	684.210
7 a 14 anos 27.000.000	fundamental	27.300.000	2.700.000	1.553.161	1/17	158.823
15 a 17 10.500.000	Médio	8.400.000	2.100.000	448.569	1/19	115.789
Total						958.822

Fonte: * Censo 2001-Inep

  **Demanda potencial

3.4. Formação profissional

A educação profissional ocupa, hoje, um espaço no capítulo da educação na Constituição Brasileira e na LDB. No entanto, foi promulgada uma legislação reguladora com equívocos conceituais de conteúdo e de gestão. Referimo-nos, especialmente, ao Decreto 2.208/97 e aos instrumentos dele decorrentes, que desmontam todo o processo de aperfeiçoamento que tem vivido a rede de escolas técnicas. Tal decreto enfatiza a oferta de cursinhos de qualificação aligeirada, os quais nem mesmo as instituições que representam os sindicatos patronais se propõem a oferecer, por considerá-los um retrocesso na história da produção e do trabalho.

Hoje, quem assume a responsabilidade de organizar e oferecer essa alternativa de formação a trabalhadores e trabalhadoras é o Ministério do Trabalho, ao qual caberia cuidar de uma política de emprego e das relações industriais do setor.

No âmbito do MEC há apenas 462.258 matrículas na educação profissional de nível técnico. Não existem dados sobre aprovação e evasão. O número de funções docentes na educação profissional é de 38.437. Esses indicadores são extremamente baixos para um país que precisa garantir trabalho qualificado para milhões de jovens.

O Estado brasileiro sempre pressionou o setor empresarial para que assumisse parcela da educação profissional, como forma de compensar sua ausência. Assim, o Sistema "S" – Serviço Nacional de Aprendizagem Industrial (Senai), Serviço Nacional de Aprendizagem Comercial (Senac) e seus serviços sociais, criados desde 1942 –, o Serviço Nacional de

Aprendizagem dos Transportes e o Serviço Nacional de Aprendizagem da Agricultura vêm, sozinhos, usufruindo os benefícios do Art. 240 da Constituição Brasileira, que trata, especificamente, do financiamento da formação profissional.

3.5. Educação de jovens e adultos

A situação da educação de jovens e adultos é o melhor espelho para se visualizar a extensão da desigualdade, da exclusão, da discriminação e da injustiça no Brasil. A escolaridade média de pouco mais de quatro anos é um indicador importante dessa situação dramática. Porém, a leitura de alguns outros dados demonstra, mais claramente, a dimensão dessa dívida social e o esforço que se faz necessário para alcançarmos bases mínimas indispensáveis para um Brasil decente e digno.

Para uma população economicamente ativa de cerca de 80 milhões de brasileiros, temos aproximadamente 20 milhões de analfabetos acima de 15 anos (13% da população, conforme dados do IBGE 1999). Entre 15 e 29 anos de idade, temos cerca de 43.700.000 jovens trabalhadores; dos 30 aos 59 anos, cerca de 54.800.000 trabalhadores (IBGE – PNAD/1999 – excluída a população rural de Rondônia, Acre, Amazonas, Amapá e Pará). Entre os 98,5 milhões de habitantes 65 milhões não possuem o ensino fundamental completo (IBGE 1999). O presente e o futuro do Brasil não podem aceitar a política e a prática que consideram já perdidas essas gerações de milhões de brasileiros.

A educação de jovens e adultos que não tiveram acesso à escolarização regular na idade esperada é tratada na LDB como alternativa educacional. A ênfase nos exames supletivos, além de inconsistente como mecanismo de solução do problema, inibe a oferta de outras alternativas metodológicas, reduz a idade mínima para realizar tais exames – 15 anos para o ensino fundamental e 18 anos para o ensino médio –, induzindo fortemente à ausência da escola e fortalecendo os procedimentos da educação à distância na formação desse enorme contingente. Descaracteriza a educação presencial, fonte de interações e aprendizagens fundamentais, como processo educativo significativo. Ao abreviar ou dispensar a permanência no ensino regular, a LDB contribuiu para o processo de desescolarização, empobrecendo a formação.

O desrespeito com que é tratada a educação de jovens e adultos elucida, cada vez mais, o propósito do Estado de se desresponsabilizar da educação pública, também para essa grande parcela da população brasileira com mais de 15 anos, que, embora participe da produção de bens e serviços, é alijada de seus produtos e benefícios.

Atualmente, segundo o censo do Inep de 2001, há 3.777.989 matrículas na educação de jovens e adultos, sendo 153.725 na alfabetização, 1.151.429 da 1ª à 4ª série, 1.485.459 da 5ª à 8ª série, 987.376 no ensino médio e 260.503 em exames preparatórios. O número total de matrículas é bastante insignificante se comparado com os números da demanda potencial existente, apresentados no início deste item. O número de funções docentes é de 159.737.

A Tabela 3 resume os dados de matrículas aqui apresentados no diagnóstico da educação básica.

Tabela 3 — Alunos atendidos pela rede pública de ensino

Etapa/modalidade	Idade/série	Matrículas/2001
Creche	até 3 anos	600.000
Pré-escola	4 e 5 anos	1.600.000
Fundamental	6 a 14 anos	27.500.000
Fundamental	acima de 14 anos	7.000.000
Médio	15 a 17 anos	2.500.000
Médio	acima de 17 anos	3.800.000
Jovens e adultos	até a 4ª série	1.400.000
Jovens e adultos	até a 8ª série	1.500.000
Jovens e adultos	médio	900.000
Educação profissional	técnico	250.000
Total		47.050.000

4. Educação Básica: Propostas e Metas

4.1. A democratização do acesso

a) Educação infantil

A educação infantil, vista atualmente numa concepção ampla, que envolve o cuidar e o educar, nas diversas dimensões humanas – sociais, cognitivas, afetivas e físicas –, é fator de desenvolvimento humano e de formação para o exercício pleno da cidadania. Apenas uma política que considere, de fato, *a criança como sujeito de direitos* pode reverter a grave situação em que vivemos. É preciso desmistificar a idéia da criança como cidadã do futuro. A criança é hoje, no aqui e agora, cidadã plena de direitos.

O século XX foi considerado o século da criança devido aos índices de legitimação de uma política da infância, como o avanço nos conhecimentos sobre a infância nas áreas de saúde, de história, de seu desenvolvimento e aprendizagem; o reconhecimento da criança como sujeito de direitos e de cidadania; a legalização de tais direitos no Estatuto da Criança e do Adolescente (ECA); a retirada gradual de crianças do trabalho; o avanço dos cuidados e da proteção nas famílias e em conselhos da sociedade; a configuração de profissionais especializados em sua saúde (pediatras) e em sua educação (pedagogos); o reconhecimento do direito da criança à educação.

As políticas públicas para a infância devem ter, como norte, a afirmação desses avanços. Para a legitimação política da infância como um período específico de direitos, é necessário superar o tratamento setorizado por áreas, como saúde, desenvolvimento social, erradicação do trabalho, nutrição, educação, etc.; criar políticas globais para a infância, eliminando a dispersão e a setorização existentes, sem reduzi-las a políticas escolares e sem transferir a responsabilidade pelas crianças até 6 anos para os sistemas de ensino; incentivar o tratamento igual para os profissionais das diversas áreas da educação fundamental, superando a prática de desqualificar o trabalho voltado para a infância; incentivar a consolidação de uma arquitetura adequada para os centros de educação infantil; incentivar pesquisas sobre a especificidade do desenvolvimento e das aprendizagens no ciclo da infância; superar a tradição "pré-escolar" ou de escolarização precoce das crianças, avançando para a consolidação do direito ao seu pleno desenvolvimento; incentivar a produção de currículos e de material didático que propiciem o desenvolvimento pleno da criança.

Haverá, necessariamente, um período de transição, durante o qual o governo procurará soluções para ajudar as mães trabalhadoras até que o Estado tenha condições de garantir lugar em creches públicas.

Propostas:

1. Estabelecer uma política de financiamento que considere:

a) a necessária expansão progressiva do atendimento, com vistas à universalização da educação infantil;

b) um valor custo-aluno-qualidade para a creche e para a pré-escola;

c) a necessidade de superar as desigualdades regionais no atendimento à educação infantil;

d) um novo pacto federativo, a fim de que União, Estados e municípios compartilhem responsabilidades na garantia da educação infantil.

2. Fazer valer, urgentemente, os padrões de qualidade estabelecidos para o funcionamento de instituições públicas e privadas, com vistas a garantir a adequação e a efetividade do atendimento.

3. Estabelecer um sistema de informação sobre as demandas da sociedade, bem como da oferta hoje existente, por meio de um recenseamento escolar, com o fim de projetar, em cada âmbito – municipal, estadual e federal –, os índices de atendimento, **de modo a alcançar, no segundo ano de governo, a universalização da educação infantil para crianças de 6 anos. No dia do seu aniversário, a criança estará automaticamente matriculada na pré-escola.** No primeiro ano de governo, serão estabelecidos os critérios e estratégias para a universalização do atendimento.

4. No quarto ano de governo, **todas as crianças que completarem 4 anos de idade estarão automatica-**

mente matriculadas em centros de educação infantil.

5. Criar centros de educação infantil para superar o caráter precário e assistencialista dos serviços destinados à infância popular.

6. Garantir, em colaboração com Estados, municípios e empresas, **o acesso a creches para todos os filhos de mães trabalhadoras**.

7. Criar estruturas administrativas, com equipes de profissionais capacitados para assumir as políticas específicas para a infância nos diversos níveis da administração pública.

8. Criar mecanismos para que, em todas as faculdades de educação, ou em outras instituições de formação, seja oferecida a habilitação em educação infantil.

9. **Criar a Câmara da Infância e da Adolescência**, a ser composta pelos Ministérios da Educação, da Cultura, da Saúde e de Desenvolvimento Social e Justiça, com o objetivo de estabelecer uma política integrada para a infância e a juventude.

b) Ensino fundamental

A Constituição Federal, em seu Artigo 208, estabelece a obrigatoriedade e a gratuidade do ensino fundamental para todo cidadão brasileiro. No momento, em decorrência de ações do poder público nos âmbitos municipal, estadual e federal e da colaboração da sociedade civil, o número de matrículas no ensino fundamental tem crescido.

Existem avanços significativos no que se refere ao acesso de crianças e adolescentes ao ensino fundamental. Entretanto, sendo esse um dos níveis de ensino da educação básica, deve ser pensado de forma articulada com a educação infantil e o ensino médio. A escolaridade formal, correspondente ao mínimo de oito anos é insuficiente para garantir o acesso ao conhecimento, bem como para formar cidadãos.

A universalização do ensino fundamental implica a garantia de acesso, de permanência e de continuidade de estudos no ensino médio. Esse é um dos grandes desafios da educação brasileira. Um projeto de desenvolvimento auto-sustentável para o país supõe a existência de uma escola inclusiva, democrática e de qualidade. É fundamental combater o fracasso escolar e implementar políticas que garantam a permanência dos alunos na escola.

Para tal, os sistemas de ensino serão orientados a adotar projetos político-pedagógicos comprometidos com a inclusão, com a aprendizagem e com o sucesso escolar, levando em consideração os seguintes aspectos:

1. Todos podem aprender: esse é o desafio que uma escola de qualidade deve assumir. A escola propiciará condições para que, no processo ensino-aprendizagem, seus alunos sintam-se motivados a "aprender a aprender", tornando mais importante o aprender do que o ensinar.

2. Os alunos devem ser considerados como sujeitos de direitos. É esta compreensão que sustenta a busca da igualdade e contribui para transformar em realidade o discurso de que a educação básica é para todos.

3. O projeto político-pedagógico das escolas deve ser elaborado, implementado e avaliado com a participação efetiva da comunidade escolar.

4. O grande desafio da escola é fazer aprender, utilizando métodos científicos e recursos pedagógicos que, reconhecendo as diferenças existentes entre os alunos, garantam a todos o acesso à educação de qualidade.

5. O currículo deve ser implementado de forma interdisciplinar e contextualizada, e o trabalho docente deve ser coletivo.

6. A avaliação dos alunos deve ser contínua e formativa, tendo como finalidade a compreensão e a regulação dos processos dos educandos, para auxiliá-los em sua trajetória escolar, garantindo a progressão continuada das aprendizagens.

7. Os programas especiais devem ser desenvolvidos de forma articulada com os sistemas de ensino, de modo a garantir a correção de distorções idade/série/ciclo, ainda presentes no ensino fundamental.

8. A jornada escolar deve ser ampliada para cinco horas, no mínimo.

9. Os tempos e espaços escolares devem ser reorganizados, liberando as unidades escolares da "prisão" a que se sentem submetidas por força das "grades horárias e curriculares" e permitindo a flexibilização na apresentação dos conteúdos programáticos.

Todos estes aspectos do projeto político-pedagógico constituem, na realidade, os chamados ciclos de formação, que nada têm a ver com algumas experiências implantadas de ciclos cujo objetivo prioritário é a promoção automática.

Propostas

O programa **Bolsa-Escola**, articulado ao Programa Nacional de Renda Mínima, deve ser implementado como parte integrante do projeto político-pedagógico, inclusivo e de qualidade, nos níveis de ensino fundamental e médio da educação básica, uma vez que compõe a política educacional, com o objetivo de garantir a permanência dos alunos na escola. Nessa perspectiva, o programa exige o acompanhamento sistemático da vida escolar do aluno e a interação com as famílias beneficiadas.

a) A bolsa-escola será paga por família e não por criança.

b) A freqüência dos alunos às aulas será fiscalizada de forma rigorosa.

c) Ensino médio

Para o Partido dos Trabalhadores, **o ensino médio é obrigatório**, direito de todos os brasileiros e parte orgânica da educação básica como patamar mínimo e condição necessária para o exercício efetivo da cidadania e a inclusão no mundo da cultura e do trabalho, de acordo com as atuais bases científicas e tecnológicas.

Ao afirmá-lo como parte orgânica da educação básica, segundo a concepção da escola pública, laica e unitária, entendemos que ele não pode subordinar-se à lógica do mercado e nem à indústria do vestibular. Deve orientar-se, portanto, por uma concepção pedagógica que supere o dualismo representado pelas dicotomias "geral e específico", "técnico e político", e estabeleça um nexo entre teoria e prática, articulando o pensar e o agir. Trata-se, pois, de permitir ao aluno apropriar-se das **bases do conhecimento** das ciências que tratam das relações entre os seres humanos e das ciências da natureza.

Essa concepção de ensino médio implica romper com a herança histórica do dualismo e da subordinação à visão mercantilista de educação, agravados na legislação do período da ditadura militar dos anos 60 e reafirmados na atual política educacional, de forma unilateral, especialmente pelo Decreto 2.208/97 e pela Portaria 6.24/97 do MEC, que devem ser revogados. A superação de tal legislação e da herança do período da ditadura militar implica o exercício democrático de retomar o diálogo com os diferentes espaços institucionais que oferecem o ensino médio, bem como com a sociedade, por meio das instituições científicas, culturais, sindicais e movimentos sociais que debateram amplamente, no processo constituinte e da LDB, a concepção de ensino médio unitário.

A nova concepção de ensino médio e sua universalização efetiva possibilitam a elevação do nível de conhecimento da população, para ampliar a ciência básica e aplicada, condição indispensável para o desenvolvimento tecnológico, econômico, social e cultural sustentável, a consolidação da democracia e da cidadania numa sociedade capaz de se vincular com o mundo de forma original e soberana.

Considerando-se a atual situação de precariedade e de oferta de vagas na esfera pública do ensino médio e sua dimensão estratégica para o desenvolvimento científico e tecnológico, a construção de uma democracia forte e de uma cidadania efetiva, o governo do Partido dos Trabalhadores se compromete a estabelecer, de imediato e em comunhão com os Estados, uma política de ampliação de vagas, mediante a ocupação efetiva dos espaços construídos e a construção de novas escolas, a qualificação dos profissionais da educação, com uma estratégia pedagógica para o nível médio noturno, para que se possa alcançar uma nova qualidade segundo a concepção da escola unitária.

Propostas

1. Implementar a obrigatoriedade do ensino médio, prevista na LDB, como etapa final da educação básica, a partir de 2004, para todos os alunos que tiverem concluído o ensino fundamental no ano anterior, com uma concepção de educação para a cidadania e para o trabalho, sem descurar da perspectiva de continuidade dos estudos e da necessidade de articulação com as demandas de emprego.

2. Universalizar gradativamente o ensino médio para todos os detentores de certificação do ensino fundamental, na medida da disponibilidade de vagas na rede pública de ensino médio e com o apoio federal de um programa de bolsas de estudo para aqueles que comprovadamente delas necessitarem, de modo a garantir-lhes o direito a essa etapa, com qualidade.

3. Garantir um ensino médio unitário, democrático e de qualidade, para um efetivo domínio das bases científicas, por meio de uma articulação entre governo federal e governos estaduais, para desenvolver ações efetivas como:

a) prover prédios, laboratórios e equipamentos adequados;

b) formar profissionais de educação competentes e atualizados, e no número necessário;

c) fixar a relação adequada entre professor e número de alunos;

d) adquirir recursos tecnológicos auxiliares no processo pedagógico e devida formação para sua utilização;

e) **implantar, a partir de 2004, um programa de livros didáticos, cobrindo todos os componentes curriculares do ensino médio** e tornando os títulos acessíveis a todos os alunos;

f) desenvolver mecanismos permanentes de participação dos alunos e da comunidade escolar na discussão do processo de avaliação da escola, do trabalho pedagógico e de seus resultados, bem como da gestão da escola.

4. Aumentar progressivamente o número de horas de permanência do aluno na escola, para que se possa ampliar sua formação cultural, artística e científica.

d) Educação profissional

A formação profissional específica e continuada é uma necessidade permanente, tanto pelas condições objetivas de milhões de jovens e adultos que a buscam e dela necessitam, quanto pelas necessidades econômicas e pela mudança da base técnica do processo produtivo. É necessário garantir acesso à alfabetização, à escolarização básica e à educação profissional a 65 milhões de trabalhadores jovens e adultos que foram excluídos do ensino fundamental completo na idade apropriada.

Para alcançar esse objetivo estratégico e prioritário num prazo de quinze anos, faz-se necessário, no período 2003 a 2006, desenvolver uma ação educacional mobilizadora de toda a sociedade brasileira. Isto indica a implementação de uma política pública de educação profissional **alicerçada nos seguintes pressupostos e diretrizes:**

a) a educação profissional deve sempre estar articulada a uma sólida formação científica, tecnológica e humanista, de modo que o educando tenha condições de participar dos processos decisórios e de avaliar os possíveis impactos sociais e ecológicos das técnicas produtivas;

b) o processo de ensino deve ser organizado de forma a que o educando seja capaz de produzir conhecimento e de sistematizar o saber acumulado pela humanidade e pelos trabalhadores, contribuindo para o desenvolvimento de novas tecnologias, adequadas ao nosso contexto socioeconômico e ambiental;

c) a educação profissional deve incorporar, no processo de formação do educando, o exercício da cidadania, por meio do trabalho não-alienado, o que significa desenvolver a capacidade de planejamento e de gestão de seu trabalho;

d) o processo de ensino deve compreender uma visão ampla do processo produtivo e das formas de gerenciamento, visando a participação do trabalhador nesse processo, numa perspectiva de desenvolvimento integral do ser humano e de eliminação de qualquer forma de discriminação e exclusão.

Propostas

1. Estabelecer, como estratégica e prioritária para a sociedade brasileira, uma política educacional global que assegure a universalização da educação básica e a recuperação do atraso educacional histórico do Brasil.

2. Colocar a formação profissional como o catalisador da superação da exclusão educacional no Brasil.

3. Implementar uma política pública nacional de educação profissional que priorize, de forma integrada e/ou articulada, a alfabetização, a elevação da escolaridade e a formação profissional dos 65 milhões de trabalhadores jovens e adultos, em especial os desempregados, chefes de família, mulheres, jovens em busca do primeiro emprego e em situação de risco social, portadores de deficiências e membros de etnias que sofrem discriminação social.

4. Envolver e articular as redes públicas e privadas existentes, incluindo o Sistema S, com ampla participação dos segmentos representativos da sociedade nessa política pública de educação profissional.

5. Constituir, no médio prazo, uma rede pública de educação profissional com gestão democrática, que consolide a importância da formação profissional e seja uma trajetória opcional de educação profissional para os jovens que concluem o ensino médio e espaço de capacitação profissional permanente para os trabalhadores, incluindo a criação de **Centros Públicos de Formação Profissional.**

6. Prover a formação profissional como uma necessidade permanente diante das transformações intensas e contínuas no mundo do trabalho, para um verdadeiro desenvolvimento sustentável do Brasil.

7. Conceber a formação profissional com uma pedagogia apropriada, que valorize a experiência de vida e combine a formação crítica para a cidadania com a teoria e a prática da aprendizagem dos saberes específicos, na perspectiva de um desenvolvimento integral do ser humano.

8. Articular a política nacional de formação profissional com a política nacional de geração de emprego,

trabalho e renda, com ênfase na promoção da economia solidária e de micro, pequenos e médios empreendimentos sustentáveis.

9. Mobilizar um consórcio de financiamento para a implementação da política nacional de educação profissional com recursos públicos e privados e oriundos de cooperação internacional.

e) Educação de jovens e adultos

A educação de jovens e adultos (EJA) não pode ser concebida somente como alfabetização, mesmo que compreendida em seu sentido amplo. Em decorrência das especificidades da história brasileira, marcada pela negação, à classe trabalhadora, do acesso e das condições de permanência na escola, a EJA deve constituir **modalidade de ensino**, que assegure a todos os trabalhadores – sem distinção de idade – o direito à educação básica.

É obrigação do Estado assegurar aos jovens e adultos trabalhadores o direito à educação pública, gratuita e de qualidade social, garantindo que ela se dê, prioritariamente, com o aproveitamento da infra-estrutura pública de ensino, capacitada nos planos teórico-metodológico, profissional e material para o atendimento pedagógico adequado às especificidades dessa modalidade de ensino.

O Estado deve assumir o compromisso de eliminar o analfabetismo no país por meio de iniciativa ampla e consistente, que transcenda os limites de programas e campanhas pontuais, assegurando educação de qualidade social e continuada, em substituição às ações hoje predominantes, que visam sobretudo a redução dos índices estatísticos de analfabetismo no país.

O Estado deve assegurar dotação orçamentária específica para a EJA, compatível com a demanda, com a garantia de educação pública, gratuita e de qualidade social para todos, bem como garantir que, em prazo a ser definido, os profissionais que atuem na modalidade de EJA tenham formação específica.

Aos jovens e adultos que procuram a escola, deverá ser assegurado o direito à flexibilização de currículo, de horários e calendário, e o direito às condições materiais necessárias para a realização de seus estudos. Deverão ainda ser asseguradas, por legislação específica, as condições de freqüência à escola para os trabalhadores que possuem vínculo empregatício e que não concluíram a educação básica.

O governo federal, em colaboração com os Estados, os municípios e os movimentos da sociedade civil, formulará uma política de atendimento aos jovens e adultos para o ensino fundamental e médio, com uso pedagogicamente correto das tecnologias de educação à distância em estabelecimentos escolares.

As ações da União no âmbito da EJA devem ser de responsabilidade do Ministério da Educação, que, para tanto, deverá dispor de estrutura própria e compatível com a magnitude e as especificidades dessa modalidade de ensino. Eliminar-se-á, assim, a transferência de responsabilidades pela educação dos jovens e adultos trabalhadores para outras esferas de governo, cujas especificidades não condizem com o trato das questões referentes à educação pública, gratuita, de qualidade social para todos.

O Estado propiciará as condições necessárias para que as universidades públicas, em interlocução com as redes públicas de ensino fundamental e médio, assim como com as entidades representativas dos trabalhadores, desenvolvam pesquisas, sistematizem e socializem os conhecimentos que propiciem a formulação de um estatuto teórico-metodológico próprio para a EJA.

Propostas

1. Erradicar o analfabetismo de jovens e adultos num prazo de quatro anos, envolvendo os diversos segmentos da sociedade nesse mutirão.

2. O governo articulará todas as forças políticas e sociais para conseguir, no prazo de uma década, universalizar o ensino fundamental para os 60 milhões de trabalhadores e trabalhadoras que ainda não o completaram, e, no prazo de quinze anos, universalizar o ensino médio, segundo a concepção da escola básica unitária. É condição para isso um projeto societário de desenvolvimento sustentável, com efetiva política de emprego e renda.

f) Educação especial

As discussões internacionais apontam a educação inclusiva como a mais condizente com os direitos humanos. No Brasil, a década de 90 representou um momento de transição na forma de pensar e agir no campo da educação especial. Hoje, reconhece-se que essa é uma modalidade de ensino para a qual a alocação de recursos e o financiamento específico são indispensáveis. Não basta que todos sejam matriculados; é necessário criar condições para que os alunos possam manter-se na escola.

Um governo democrático e popular tratará a educação especial em todos os níveis de ensino como modalidade da educação regular pública. Assim, buscarse-á seu atendimento em todas as etapas da educação básica (educação infantil, ensino fundamental e médio) e também na educação profissional, criando a obrigatoriedade de oferta de vagas na rede pública, com garantia de matrícula na escola mais próxima ou alternativa de transporte adequado.

É fundamental a formação de equipes profissionais (com professor especializado, pedagogo, psicopedagogo, terapeuta, fisioterapeuta, fonoaudiólogo), constituindo redes de apoio às escolas e aos professores. Isso levará à detecção precoce de problemas que os alunos possam enfrentar em seu cotidiano escolar, permitindo buscar alternativas de aprendizagem para a superação das dificuldades.

Propostas

1. Garantir vagas em estabelecimentos públicos.

2. Garantir a acessibilidade, provendo:

a) transporte escolar;

b) edificações que permitam o acesso ao cadeirante;

c) estímulos e pistas visuais para os deficientes sensoriais, com comunicação e sinalização adequadas;

d) atendimento em sala de aula regular, com acompanhamento de equipe especializada;

e) capacitação continuada dos professores que farão o acompanhamento desses alunos;

f) atendimento em sala de recursos, em horários especiais, quando a sala regular mostrar-se insuficiente;

g) equipes técnicas volantes para assessoria aos professores das salas de recursos;

h) atendimento em salas de educação especial, na escola regular, quando a condição de aprendizado tornar-se inadequada em salas regulares;

i) atendimento em escolas especiais, para os alunos que não se beneficiem das modalidades anteriores, com equipe de apoio e professores especializados.

3. Colocar a capacitação do professor como um dos pilares da educação inclusiva.

4. Incentivar linhas de pesquisa e de produção de materiais para a educação inclusiva, buscando divulgar as alternativas práticas que vêm alcançando bons resultados.

5. Reduzir o número de alunos nas salas de aula que recebam alunos portadores de deficiências.

6. Articular atendimento social, de saúde, educação e esporte.

g) Educação no campo

Do ponto de vista da concepção da escola unitária, a qualidade da educação básica não deve distinguir campo e cidade, ou alunos que pertençam a famílias de trabalhadores industriais, de serviços, camponeses, profissionais liberais ou mesmo proprietários. Este é o sentido republicano – nunca praticado no Brasil – da escola pública, laica, gratuita e universal. É fundamental para 32 milhões de habitantes das zonas rurais que se aprofunde a discussão sobre a exigência de uma modalidade de ensino rural.

Levando-se em conta que o processo de conhecimento se constrói a partir da cultura, das vivências do meio social em que o educando interage, a especificidade do ensino no campo requer um método que construa o conhecimento a partir dos sujeitos e de sua realidade. O ponto de chegada é um conhecimento não-localista, não-particularista, mas unitário e o mais universal possível. Nessa questão, é importante a contribuição da Resolução da CEB/CNE, com as Diretrizes Curriculares Nacionais para a Educação no Campo.

Propostas

1. O currículo das escolas básicas no campo incorporará os valores históricos e atuais de seus movimentos sociais e dialogará democraticamente com as instâncias municipais e estaduais em que elas estiverem inseridas, como instituições públicas e estatais.

2. Será estabelecido um projeto político-pedagógico para o ensino fundamental no campo, após o que, em cada sistema, será formulada uma proposta de regime de colaboração entre União, Estado e municípios que dê conta das demandas quantitativas e qualitativas de nove anos de escolarização, preserve a freqüência dos alunos em escolas no campo, ou na cidade, e assuma uma proposta pedagógica de educação integrada ao desenvolvimento rural sustentado.

3. O regime de colaboração entre os entes federados garantirá aos alunos do ensino fundamental e médio, residentes na zona rural, transporte escolar, quando necessário, e esgotadas outras alternativas de atendimento.

4. Será formulado pelo governo federal, em colaboração com os Estados, um projeto político-pedagógico para o ensino médio e profissional do campo. Esse projeto deverá estar sintonizado com as demandas

econômicas e sociais, os avanços tecnológicos e as aspirações dos movimentos sociais dos trabalhadores e de instituições patronais que assumam a realidade rural na perspectiva de seu desenvolvimento sustentável.

5. Numa perspectiva de desconcentração urbana e demográfica e de interiorização das agências públicas, o governo federal instituirá uma política de pesquisa científica e de disseminação tecnológica que sustente um desenvolvimento rural socialmente justo, capaz de responder às demandas de toda a população, propiciando a continuidade de estudos em nível superior para quantos mostrarem desejo, capacidade e aptidão. Nesse aspecto, será fundamental a presença das universidades federais e estaduais na discussão das múltiplas alternativas com a população do campo.

6. O governo federal formulará um projeto de formação inicial e continuada de professores e demais profissionais da educação que contemple as propostas da educação básica do campo e cultive competências e habilidades capazes de construí-la em instituições adequadas às diferentes realidades do mundo rural e comprometidas com a reforma agrária e com a superação das desigualdades fundiárias.

h) Educação escolar indígena

A afirmação étnica, lingüística e cultural dos povos indígenas, a defesa de sua autonomia, das imemoriais terras indígenas, de seus projetos societários, a articulação e o intercâmbio entre os conhecimentos originais são princípios que devem orientar as políticas educacionais para esse segmento da população brasileira, que resistiu bravamente ao extermínio durante quinhentos anos e hoje apresenta índices de crescimento demográfico superiores aos das populações não-nativas.

A educação escolar bilíngüe, adequada às peculiaridades culturais dos diferentes grupos, deve ser fornecida por professores índios. A formação inicial e continuada dos índios professores deve ocorrer em serviço, concomitantemente à sua própria escolarização. A educação indígena deve abranger a elaboração de currículos e programas específicos para as escolas indígenas; o ensino bilíngüe; a elaboração de materiais didático-pedagógicos, bilíngües ou não, para uso nas escolas instaladas em suas comunidades.

Propostas

1. Incentivar a implantação, no período de cinco anos, de programas equivalentes à educação básica destinados aos povos indígenas, respeitando seus modos de vida, suas visões de mundo e as situações sociolingüísticas específicas por eles vivenciadas, ampliando gradativamente a oferta da educação básica à população indígena na própria escola indígena.

2. Assegurar a autonomia das escolas indígenas, tanto no que se refere ao projeto político-pedagógico, quanto ao uso de recursos financeiros públicos para a manutenção do cotidiano escolar, garantindo a plena participação de cada comunidade indígena nas decisões relativas à estrutura e ao funcionamento da escola.

3. Estabelecer a colaboração da União em programas estaduais e municipais, para, dentro de três anos, prover as escolas indígenas de equipamentos didático-pedagógicos básicos, incluindo bibliotecas, videotecas, laboratórios de informática e outros materiais de apoio.

4. Criar ou ampliar programas voltados à produção e à publicação de materiais pedagógicos específicos para os grupos indígenas, elaborados por professores indígenas, juntamente com seus alunos e assessores, incluindo livros, vídeos, dicionários e outros.

5. Promover a correta e ampla informação da população brasileira e latino-americana sobre os povos e as culturas indígenas, como meio de combater o desconhecimento, a intolerância e o preconceito em relação aos povos indígenas, bem como de promover a formação dos não-índios que junto a eles atuam direta e/ou indiretamente.

6. Construir coletivamente a política para a educação escolar indígena, por meio de um processo metodológico que inclua:

a) **a participação indígena** na elaboração, execução e avaliação dos programas e projetos;

b) **a articulação e cooperação interinstitucional**, conjugando esforços, parcerias e recursos das agências envolvidas com os programas e projetos;

c) **o desenvolvimento integrado dos programas de educação escolar** com as demais iniciativas no campo da saúde, regularização fundiária e economia indígena;

d) **a combinação de ações previstas no calendário** sociocultural dos povos indígenas;

e) **a estruturação e manutenção, no MEC, nas Secretarias Estaduais e Municipais de Educação, de equipes técnicas** aptas a coordenar todas as ações de educação escolar indígena desenvolvidas nos Estados e em seus municípios, com autonomia de gestão administrativa e financeira.

i) Educação à distância (EAD)

Em um país de dimensões continentais e com enormes desigualdades e carências como o Brasil, a educação a distância é uma alternativa indispensável, conquanto seja garantido um padrão elevado de qualidade, com profissionais de alta competência, tanto na elaboração de conteúdos específicos quanto na assessoria pedagógica, com o uso de materiais instrucionais e de avaliação adequados. Tendo como objetivo ampliar e democratizar o acesso à educação formal e/ou a programas de educação continuada, a EAD deve assumir o desafio de preparar o homem, o cidadão e o profissional para enfrentar, com criatividade, iniciativa e competência, as profundas e vastas transformações no mundo do trabalho, da produção e da vida social.

A EAD não pode ser implantada em programas isolados, devendo interagir com outras ações existentes. Uma política de massificação do uso da EAD – nunca concebida como substitutiva da educação básica presencial e/ou, como vem ocorrendo em alguns Estados, somente para baratear custos no ensino fundamental e médio – é extremamente oportuna para o Brasil, como parte de um projeto nacional de desenvolvimento cultural e de ampliação da cidadania, e, ainda, como reação à implantação do pensamento único imposto pelos desígnios do mercado.

Propostas

1. Criação de uma Coordenação Nacional de Educação a Distância do MEC, com orçamento próprio e articulada com o ensino fundamental, médio e superior.

2. Recuperação e avaliação das experiências brasileiras bem-sucedidas de EAD.

3. Estudos de viabilidade para implantação imediata de programas de formação de professores para educação fundamental e ensino médio, com uso da EAD.

4. Redefinição do papel da Unirede (Universidade Virtual Pública do Brasil) na política nacional de EAD. Esse papel deve ter como princípios norteadores para ação imediata:

a) o aumento do número de vagas nas universidades públicas;

b) a oferta de cursos de educação continuada aos profissionais em serviço.

4.2. A qualidade social

A nova qualidade de educação

Qualidade social é base prioritária da educação defendida pelo Partido dos Trabalhadores. Qualidade é um conceito historicamente produzido, que incorpora expectativas diversificadas ao longo do tempo e pressupõe, portanto, um juízo de valor que não é neutro. Ao contrário, o conceito de qualidade social exige e reflete um posicionamento político e ideológico claro e perceptível. Assim, é fundamental que sejam identificados critérios e parâmetros que apóiem as definições da educação com qualidade social, a partir de um projeto de desenvolvimento integrado e sustentável.

É importante definir a qualidade de que estamos falando, uma vez que, em educação, qualidade nem sempre tem o mesmo significado, e muito menos é sempre acompanhada e controlada por meio de um mesmo processo.

A qualidade social opõe-se à retórica conservadora e busca um novo significado para a qualidade da educação, incluindo-a nos direitos inalienáveis de toda a população, ao invés de tratá-la como mercadoria a ser disputada no mercado. Assim, privilegia a democratização desse direito, procurando garantir o acesso à escola e a distribuição equânime dos bens culturais, expressando-se não apenas em dispositivos conceituais, mas também naqueles que envolvem mudanças estruturais significativas.

A qualidade social traduz-se na oferta de educação escolar e de outras modalidades de formação para todos, com padrões de excelência e adequação aos interesses da maioria da população. Tem como conseqüência a inclusão social, por meio da qual todos os brasileiros se tornam aptos ao questionamento, à problematização, à tomada de decisões, buscando soluções coletivas possíveis e necessárias à resolução dos problemas de cada um e da comunidade em que se vive e trabalha.

Quem define tal qualidade é a comunidade escolar, são os especialistas e estudiosos, os trabalhadores, enfim, toda a sociedade envolvida no processo formativo. É exatamente a prática da construção coletiva que nos tem diferenciado de outros governos, especialmente do atual governo federal e de seus conceitos utilitaristas.

Valorização dos profissionais da educação básica

No Brasil, não existe contratação coletiva nacional. No setor público, algumas normas mínimas de contratação e carreira estão previstas em forma de princípios constitucionais conquistados pela luta dos(as) trabalhadores(as). Dentre eles, vale destacar: o ingresso exclusivamente por concurso público de provas e títulos; a estabilidade no cargo; a valorização na forma dos estatutos de cada esfera administrativa, com piso salarial profissional e carreira que considerem a qualificação, a experiência, o desempenho e o mérito; a gestão democrática de acordo com a lei de cada administração autônoma; a liberdade de organização sindical dos funcionários públicos; a irredutibilidade dos salários, assegurada a reposição anual de perdas; a integralidade dos proventos de aposentadoria e de pensões.

Existem, também, algumas referências elementares na Lei de Diretrizes e Bases da Educação Nacional, cuja normatização concreta é delegada aos Estados e municípios. Entre esses dispositivos, tem-se: possibilidade de aperfeiçoamento profissional continuado, inclusive com licenciamento remunerado para esse fim; definição de período reservado a estudos, planejamento e avaliação, incluído na carga de trabalho; estabelecimento de condições adequadas de trabalho; programas de educação continuada para os profissionais de educação dos diversos níveis; regime de colaboração técnica e de assistência financeira entre União, Estados e Municípios; formação de nível superior em cursos de licenciatura para os/as professores/as; liberdade de aprender e ensinar; pluralidade de concepções pedagógicas; participação na elaboração do projeto político pedagógico da escola e na definição da política educacional dos sistemas.

Além das normas e referências existentes, a valorização dos profissionais, exige também, a implantação do piso salarial e progressão funcional fundada na titulação, na experiência e no desempenho, aferido pelos compromissos apontados pelo projeto político-pedagógico, junto com a prática e a promoção da cidadania.

Propostas

1. Incentivar a publicação de trabalhos, pesquisas, análises e descrição de experiências pedagógicas bem-sucedidas de autoria dos profissionais da educação básica.

2. Incentivar a participação em debates, conferências, congressos voltados à melhoria da qualidade e ao aperfeiçoamento permanente.

3. Incentivar a criação de centros de formação permanente e aperfeiçoamento dos profissionais da educação, por Estado ou região, articulados com as universidades e os sistemas públicos de educação básica.

4. Implantar um programa de laboratórios de informática, bibliotecas e salas multimídia nas escolas públicas de ensino fundamental e médio.

4.3. A democratização da gestão

Sistema Nacional Articulado de Educação

Constituindo veículo importante para a integração e a socialização, uma estrutura articulada de educação facilitará a tarefa de promover o desenvolvimento das liberdades e das autonomias individuais e coletivas. Um sistema articulado de educação em todo o país será concretizado mediante a adoção de algumas medidas fundamentais, quais sejam:

1. democratizar o sistema, envolvendo as diversas forças sociais implicadas no processo de sua construção em todos os níveis, com regras estáveis para a com-

posição das instâncias de decisão, de avaliação e de planejamento;

2. assegurar a qualidade e a eficácia desse processo, com investimentos adequados e com um trabalho de fortalecimento das relações voltadas à consolidação da nação e para além das fronteiras nacionais, a partir de uma matriz de desenvolvimento humano;

3. gerar condições para que as escolas e as equipes de trabalho possam assumir suas responsabilidades correspondentes às expectativas comuns, aos projetos político-pedagógicos, às famílias e aos estudantes, ao entorno econômico e cultural, trazendo uma forte marca de abertura à prática e à exigência de cidadania;

4. articular as esferas de administração local, regional, nacional e, inclusive, supranacional – ação importante na formação dos blocos contemporâneos e nas relações internacionais, em geral –, fortalecendo o caráter público do sistema.

Tais medidas, orientadas para promover a igualdade e a justiça social, supõem a conjunção de diversos aspectos de controle da oferta a serem pactuados, entre os quais se destacam:

a) orientações estratégicas e regulamentação;

b) programas, registros, certificações e métodos de reconhecimento, autorização de cursos e credenciamento de instituições;

c) critérios de financiamento público;

d) estatuto de contratação do trabalho e de desenvolvimento profissional, bem como normas de gestão.

Regime de colaboração

No Brasil, o poder público central nunca teve responsabilidade relevante na escolarização das maiorias, o que propiciou o crescimento das desigualdades regionais, a pulverização de sistemas (e redes), a desarticulação curricular ou sua rígida verticalização, e o estabelecimento de ações concorrentes entre as esferas de governo. O poder formulador, normativo, tributário e controlador, por sua vez, não foi distribuído igualmente.

A Lei de Diretrizes e Bases da Educação Nacional descreveu, sob a orientação constitucional, as incumbências de cada esfera administrativa. Em todas, o princípio da colaboração se repete, subordinado não somente ao cumprimento do direito público subjetivo ao qual correspondem deveres de Estado e ações de governo, como também à superação de desigualdades, à formação básica comum e à consolidação de um padrão de qualidade.

Para transformar a letra da lei em realidade, o governo federal encaminhará proposta de lei complementar para regular a cooperação entre as esferas de administração, normatizando o regime de colaboração entre os sistemas de ensino e instituindo as instâncias democráticas de articulação.

Gestão democrática

Uma educação popular tem na democratização seu eixo central, do qual deriva o compromisso político com a viabilização de um intenso processo participativo para concretizar a educação de qualidade vinculada à realidade e articulada com o projeto de desenvolvimento nacional. É preciso construir, participativamente, a educação de qualidade social, transformadora e libertadora, para que o sistema e, especialmente a escola, seja um laboratório de exercício e de conquista de direitos, em conformidade com nossas diretrizes gerais.

Essa proposta concretiza uma ruptura como o estigma autoritário que acompanha a história da educação brasileira e com a correspondente cultura de poder tecnocrático nos diferentes aparelhos burocráticos, administrativos e jurídicos. Cabe desenvolver e afirmar a concepção de que esses aparelhos não definem o que a sociedade vai fazer, mas apenas viabilizam as decisões e as demandas produzidas democraticamente por suas múltiplas instituições, grupos e movimentos sociais.

Para garantir a democratização da gestão é necessário adequar o aparelho administrativo às exigências da democracia, numa dinâmica de funcionamento interdisciplinar, horizontal, descentralizada, ágil e com a capilaridade exigida pelo processo de participação da sociedade nas diversas instâncias de decisão sobre as políticas públicas para o setor. A tarefa da administração federal não pode se reduzir a uma gestão restrita à própria rede. À União cabe a gestão de sua rede, é claro; porém, seu horizonte de atuação é todo o sistema, tal como é a concepção das propostas que a seguir apresentamos.

Propostas

1. Implantar um novo Conselho Nacional de Educação, normativo e deliberativo, com representação social das três esferas de administração e das instituições representativas de educadores e estudantes.

2. Criar o Fórum Nacional de Educação, encarregado de organizar e promover as Conferências Nacionais

Qüinqüenais para construir e propor, avaliar e acompanhar a execução do Plano Nacional de Educação e de seus similares em cada esfera administrativa.

3. Estabelecer normas de aplicação dos recursos federais, estaduais e municipais diretamente voltados para a manutenção de prédios, instalações e equipamentos, a partir da definição de um custo-qualidade por aluno, por tipo de escola, por turnos de funcionamento, por localização e modalidade de oferta e tempo de uso.

4. Instituir o Fundo de Manutenção e Desenvolvimento da Educação Básica (Fundeb), associado ao Sistema Nacional Articulado e aos Sistemas Públicos de Educação, para construir um novo pacto federativo.

5. Regulamentar, em lei complementar federal, o parágrafo único do Artigo 23 da Constituição Federal – "normas para cooperação entre União, Estados e Municípios".

Quadro indicativo das Metas para Matrículas nos Sistemas federal, estadual e municipal

ModalidaModalidade/	2003	2004	2005	2006	2007
Creche 0 a 3 anos	1.000.000	1.400.000	2.200.000	3.000.000	3.800.000
Pré 4 e 5 anos	2.000.000	2.300.000	2.700.000	3.300.000	3.800.000
Fundamental 6 a 14 anos	25.300.000	25.200.000	25.100.000	25.000.000	24.900.000
Médio 15 a 17 anos	5.000.000	5.500.000	6.000.000	6.600.000	7.200.000
Jovens e Adultos até a 4ª série	4.000.000	5.000.000	10.000.000	10.000.000	10.000.000
Jovens e Adultos até a 8ª série	5.000.000	6.000.000	10.000.000	15.000.000	10.000.000
Jovens e Adultos Médio	4.500.000	5.000.000	10.000.000	10.000.000	10.000.000
Educação Especial	750.000	1.000.000	1.300.000	1.600.000	2.100.000
Classes de Alfabetização	4.000.000	4.000.000	4.000.000	3.000.000	2.000.000
Total	51.550.000	55.400.000	71.300.000	67.500.000	74.000.000

5. Educação Superior: Diagnóstico

A importância do papel da educação superior, entendida nos termos deste documento, contrasta com o quadro que se apresenta hoje no país, resultado das políticas de muitas décadas para esta área, mas que se agravou sob muitos aspectos nos dois últimos mandatos presidenciais:

> a) O total de estudantes matriculados na educação superior no Brasil continua sendo um dos menores da América Latina. Desses estudantes, 1/3 está matriculado em instituições públicas e 2/3 em instituições privadas.

O processo de privatização da educação superior no Brasil verifica-se de diversas maneiras, entre outras, pela evolução e distribuição do número de Instituições de Ensino Superior (IES), pela evolução das matrículas e inclusive pela concentração regional.

Privatização — evolução do número de instituições.

Tabela I — Evolução do número de instituições por natureza e dependência administrativa — Brasil: 1994-2000

Ano	Total Geral	Universidades					Centros Univ*. e Fac. Integradas			Estabelecimentos Isolados				
		Tot.	Fed.	Est.	Mun.	Priv.	Tot.	Mun.	Priv.	Tot.	Fed.	Est.	Mun.	Priv.
1994	851	127	39	25	4	59	87	3	84	637	18	48	81	490
2000	1.180	156	39	30	2	85	140	3	137	884	22	31	49	782
Var.	38%	23%	-	20%	-50%	44%	61%	-	63%	39%	22%	-35%	-39%	59%

Fonte: 1) MEC/INEP. Evolução das Estatísticas sobre Educação Superior no Brasil – 1980-1998. Brasília/DF: MEC/INEP/SEEC, 1999; 2) MEC/INEP. Sinopse Estatística da Educação Superior 2000. Brasília/DF: MEC/INEP, 2001. * Os Centros Universitários são aqui considerados apenas para o ano 2000.

A Tabela 1 acima mostra que em 1994 existiam 851 IES: 127 universidades, 87 Faculdades Integradas, e 637 IES isoladas. Desse total: 663 (74,5%) privadas e 233 (25,5%) públicas. Das 127 universidades, 68 (53,5%) eram públicas e 59 (46,5%) eram privadas.

Em 2000, eram 1.180: 156 universidades, 140 Centros Universitários e Faculdades Integradas, e 884 IES isoladas. Desse total: 1.004 (85%) privadas e 176 (15%) públicas. Das 1.004 IES privadas, 698 (69,5%) são particulares ou privadas *stricto sensu* e 306 (30,5%) são comunitárias e/ou confessionais. Das 156 universidades, 71 (45,%) são públicas e 85 (54,5%) privadas

O aumento no número total de instituições no período foi de 38%, mas o setor privado cresceu 51%. O número de universidades federais permaneceu estável no período, enquanto o das privadas cresceu 44%. Concluindo: as IES privadas, que em 1994 correspondiam a 74% do total, em 2000 já correspondiam a 85%.

Privatização – evolução do montante de matrículas.

Tabela 2 – Evolução do número de matrículas por tipo de IES e sua natureza pública ou privada – Brasil: 1994-2000

Ano	Brasil			Universidades			Centros Universitários*, Faculdades Integradas e Estabelecimentos Isolados		
	Total	Público	Privado	Total	Público	Privado	Total	Público	Privado
1994	1.661.034	690.450	970.584	1.034.726	571.608	463.118	626.308	118.842	507.466
2000	2.694.245	887.026	1.807.219	1.806.989	780.166	1.026.823	887.256	106.860	780.396
Var.	62%	28%	86%	74%	36%	121%	41%	-10%	53%

Fonte: 1) MEC/INEP. Evolução das Estatísticas sobre Educação Superior no Brasil – 1980-1998. Brasilia/DF: MEC/INEP/SEEC, 1999; 2) MEC/INEP. Sinopse Estatística da Educação Superior 2000. Brasilia/DF: MEC/INEP, 2001. * Os Centros Universitários são aqui considerados apenas para o ano 2000.

No período 1994-2000, o aumento total das matrículas foi de 62%, mas o do setor privado foi de 86%, e o do setor público de apenas 28%. A matrícula nas universidades cresceu 74% no total, mas 121% no setor privado e apenas 36% no setor público. Nesse período, as matrículas no setor privado cresceram duas vezes mais que as das estaduais e quase três vezes mais que as das federais. O setor privado já ultrapassa hoje 2/3 do total de estudantes de nível superior no país. Mantida a tendência aqui verificada, a proporção será em breve de 3/4 dos efetivos discentes do ensino superior no país. No estado de São Paulo, já perfazem 85%. Segundo dados do Banco Mundial, já em 94 o Brasil situava-se entre os países do mundo com maior taxa de privatização da educação superior, no extremo oposto de países como França, Alemanha, Estados Unidos, Tailândia, México, Venezuela, Argentina, Honduras, Bolívia, Itália, Espanha, Quênia, Panamá, Áustria, Suécia, Paquistão, cujo montante de matrículas garantidas pelo Fundo Público é superior a 75%.

Distribuição e concentração regional de IES e de vagas

Um dos maiores problemas enfrentados pela educação superior no país é o número reduzido de vagas e a má distribuição regional, tanto de instituições quanto dessas vagas. Verifica-se no ano 2000 que:

1) o total de vagas foi de 1.216.287, sendo 970.655 (79,8%) no setor privado e 245.632 (20,2%) no setor público

2) o Nordeste, com 29% da população, conta com apenas 13% das IES e 12% das vagas;

3) o Sudeste, com 43% da população, conta com 56% das instituições e 58% das vagas;

4) a distribuição das IES e vagas públicas está bastante próxima da distribuição regional da população, com algum percentual a mais de oferta no caso do Norte e Centro-Oeste e a menos no caso do Sudeste;

5) a distribuição das IES e vagas privadas concentra-se em especial no Sudeste (60 e 64%, respectivamente) e no Sul (14 e 18% respectivamente), localizando no Nordeste apenas 11% das IES e 7% das vagas, isto é, numa clara relação desigual do número de vagas/população. Um caso exemplar é o do Distrito Federal (DF, Brasília), que conta com 40 IES, mas com uma única pública (a UnB) e 39 privadas, das quais 37 particulares ou privadas stricto sensu. No DF, as vagas oferecidas foram, em 2000, 32.251, das quais apenas 3.904 (12%) públicas e 28.347 (88%) privadas: 3.910 (14%) de IES comunitárias e/ou confessionais e 24.437 (86%) de IES particulares ou privadas *stricto sensu*.

Assim como na graduação – e nesse caso especialmente por conta da concentração das instituições e oferta de vagas no Sudeste (SP, RJ, MG e ES) – , na pós-graduação também se verifica o fenômeno da concentração regional no nível do mestrado e de forma mais acentuada ainda no doutorado. No caso do doutorado, das 29.940 matrículas no país, 24.060 ou 80,4% localizam-se na região Sudeste, e, destas, 58% nas IES Estaduais, entre as quais se destacam a USP e a UNICAMP. Se esses números forem somados aos das matrículas da região Sul, esse percentual se eleva a 92% do total.

CONCENTRAÇÃO POR ÁREA DE CONHECIMENTO

Uma importante característica dos cursos de graduação no país é sua grande concentração em algumas áreas de conhecimento, onde se destaca a área de Ciências Sociais Aplicadas (Administração, Direito, Contabilidade, Negócios), que conta com 41,6% do total de matrículas: 50,1% nas IES privadas, 24% nas federais e 20% nas estaduais. Somado esse percentual ao da área de educação (21,7%), verifica-se a inadequada concentração de 63% dos alunos de graduação do país em apenas duas áreas. Esta concentração/homogeneização se dá especialmente no setor privado e se explicaria, em grande medida, por razões financeiras: os baixos investimentos em infra-estrutura e equipamentos necessários para cursos destas áreas em contraposição aos altos investimentos requeridos por cursos em áreas estratégicas como as de engenharia, saúde, etc. – atendidas basicamente pelo setor público. Isto significa a possibilidade de maiores lucros para as instituições privadas.

Portanto, verifica-se, por um lado, a lógica da privatização (do lucro) e, por outro, a mais absoluta falta de planejamento estratégico para a educação superior no país, fato que, para ser superado, depende da obrigatória expansão do setor público, que deverá sempre responder não apenas à demanda por vagas, mas, em sentido amplo, às demandas da sociedade: exigência de formação de recursos humanos, principalmente em áreas do conhecimento essenciais ao desenvolvimento social, cultural e econômico do país.

> b) Os cortes orçamentários promovidos pelo atual governo federal ao longo dos últimos anos reduziram o financiamento para as 52 instituições de ensino superior federais a apenas

0,61% do PIB (ano 2001), um terço a menos do percentual de sete anos antes (1994) quando era de 0,91% do PIB.

Para demonstrar de forma cabal a redução do financiamento federal para a educação superior, representada pelas 52 IFES, nos últimos anos é suficiente comparar o total de recursos destinados a essas instituições com os montantes do Produto Interno Bruto (PIB), de 1989 a 2001.

Tabela 3 — Recursos das IFES — todas as fontes — como percentual do PIB — 1989 a 2001. Valores em R$ milhões a preços de janeiro de 2002 (IGP-DI/FGV)

Ano	PIB	Recursos das IFES	% do PIB
1989	1.092.465	10.605	0,97
1990	1.093.068	8.636	0,79
1991	1.110.963	6.796	0,61
1992	1.082.599	6.144	0,57
1993	1.080.579	7.975	0,74
1994	1.067.765	9.699	0,91
1995	1.179.919	10.402	0,88
1996	1.280.178	9.373	0,73
1997	1.326.222	9.208	0,69
1998	1.340.292	9.046	0,67
1999	1.269.438	8.854	0,70
2000	1.257.969	8.346	0,66
2001	1.242.027	7.638	0,61

Fonte: PIB: Banco Central do Brasil e IPEA - http://www.ipeadata.gov.br; Impostos:Arrecadação da Receita Administrada pela SRF. http://www.receita.fazenda.gov.br; Recursos das IFES: 1990-1994:MF/STN/CGC; 1995-2001:Execução Orçamentária da União - http://www.camara.gov.br Desp. Correntes do FPF: Execução Orçamentária do Governo Federal e Balanço Geral da União.

Gráfico I — Total de recursos das IFES, todas as fontes, como percentual do PIB

1989: Gov. Sarney; 1990-1992: Gov. Collor; 1993-1994: Gov. Itamar; 1995-2001: Gov. FHC

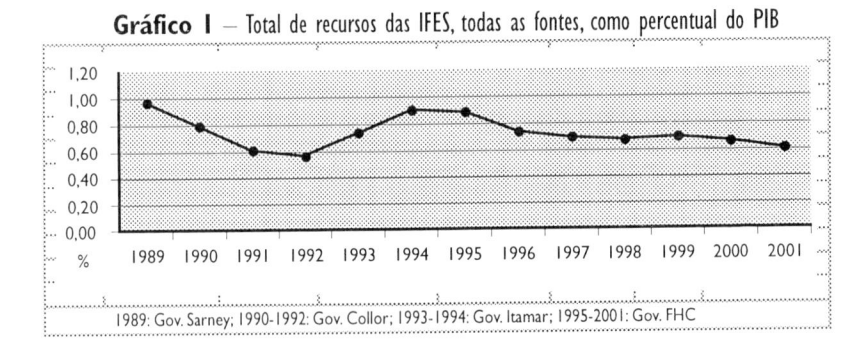

A Tabela 3 e o Gráfico 1 acima mostram que os recursos das IFES em relação ao PIB caíram de 0,97%, em 1989, para 0,61%, em 2001 (redução de 35,8%). Se tomarmos o ano de 1994 como referência, a redução de 0,91 para 0,61 foi de exatos 33%.

Os dados falam por si. No entanto, vale a pena enfatizar algumas conseqüências dessa política deliberada de contenção do desenvolvimento da educação superior. Nos últimos oito anos, elas são em geral muito visíveis nos *campi* universitários das instituições federais, impedindo a expansão de vagas e melhoria da qualidade do ensino, da pesquisa e da extensão. Elas são também reais e profundamente sentidas na redução do quadro de docentes (-5,8%) e funcionários técnico-administrativos (-14,6%) e no quase congelamento dos salários durante esse período.

Esse quadro de redução do financiamento público à educação superior do país é um processo que se inicia paradoxalmente com a redemocratização pós-ditadura militar, aprofunda-se com o ajuste neoliberal do governo Collor e atinge seu clímax nos dois mandatos presidenciais de Fernando Henrique Cardoso. Ele compromete o presente e o futuro do sistema universitário brasileiro.

c) As universidades públicas federais continuam sem a autonomia administrativa e de gestão financeira prevista na Constituição.

Assim como em relação à sua política de desenvolvimento e de reforma do aparelho do Estado, o atual governo tem atrelado sua política de educação superior às diretrizes dos organismos multilaterais de crédito. Conquanto tenham sido recentemente revisadas pelo próprio Banco Mundial, algumas de suas velhas teses têm servido de suporte teórico às políticas públicas de educação do atual governo. Quais são essas teses? Primeiro, a de que o retorno social dos investimentos em educação superior seria menor que o dos investimentos na educação básica. Segundo, a de que o ensino superior seria antes um bem (mercadoria) privado que público. Com base nessas teses, o atual governo tem concentrado sua ação em três direções, entre outras: 1) redução do financiamento das universidades federais, supostamente em favor de um maior investimento na educação básica; 2) manutenção do controle administrativo e financeiro sobre as universidades federais, não lhes reconhecendo a autonomia constitucional, mormente administrativa e de gestão financeira; 3) tentativa de transformar as universidades federais em organizações sociais, numa forma de privatização, ou concedendo-lhe um tipo de autonomia que significa afastamento do Estado da obrigação constitucional de manutenção das universidades públicas e autorização e estímulo para as universidades públicas buscarem junto à iniciativa privada e ao mercado os recursos para sua sobrevivência.

Embora essas tentativas não tenham tido sucesso do ponto de vista legal, na prática as universidades públicas vêm vivendo um evidente processo de privatização, fomentado pelo governo e representado pela venda de serviços, mediada por numerosas fundações privadas instituídas nas instituições públicas e que agem muitas vezes como enclaves mercantis no interior do espaço público.

d) Avaliação controladora e produtivista

Em tempos de ajustes ultraliberais e de minimização da ação estatal no campo dos direitos da cidadania, dois elementos têm revelado a perversidade das políticas públicas engendradas nesse contexto, em especial na educação superior: a redução do financiamento, significando a quase desobrigação do Estado com a manutenção do subsistema, e a adoção de mecanismos estreitos de avaliação, significando o aumento da regulação e do controle, com viés produtivista/eficientista. Como questão do Estado, além de reducionista, a assim chamada avaliação passa a ser compulsória.

Ao mesmo tempo em que o MEC reduziu em 1/3 (em relação ao PIB) os recursos destinados à manutenção das 52 IFES, aumentou sensivelmente o controle sobre o subsistema de educação superior, reduzindo a relação entre governo e instituições a uma relação de avaliação definida unilateralmente pelo governo. Este tem visto o sistema de educação superior basicamente como ensino (não ensino, pesquisa e extensão) para a formação de profissionais ajustados ao mercado. Nessa lógica, a educação vai aos poucos deixando de ter interesse público e passa crescentemente a pertencer à esfera dos interesses individuais. Então, com todas as facilidades concedidas ao setor privado, cada indivíduo em particular deve fazer seu próprio investimento para ter o direito de ser cliente e receber os benefícios que a educação produz, especialmente o incremento da capacidade de competição.

Estudos realizados sobre os resultados da aplicação sucessiva do Exame Nacional de Cursos (ENC ou Provão) têm demonstrado que esse tipo de avaliação tecnocrática e controladora é um privilegiado instrumento de que o governo se utiliza para modelar o sistema, não tendo, portanto, em princípio, nenhuma função educativa. Não produz elementos que possam melhorar a compreensão da vida institucional e as práticas de ensino e de pesquisa; não cria espaços públicos para a reflexão crítica socializada e a expressão da identidade profissional dos docentes e pesquisadores; nem tampouco permite que a instituição assuma a autonomia como condição de realização da responsabilidade que a sociedade lhe atribui no desenvolvimento da formação profissional e cidadã.

Avaliação como tecnologia de poder, isto é, modelo de controle, fiscalização ou até mesmo intervenção do Estado sobre os indivíduos, as instituições e o sistema, é um dos mais notórios traços da avaliação implementada pelo MEC. O caráter de responsabilização se associou de modo indelével a essa avaliação, a ponto de ter se tornado seu traço dominante. Está ocorrendo, portanto, um desvio de foco. Aquilo que tradicionalmente se considerou como um dever incontestável da universidade – a responsabilidade diante da sociedade, os chamados compromissos sociais, a formação da cidadania e o desenvolvimento da consciência de nacionalidade – agora tende a se reduzir ao dever de prestar contas aos governos sobre a forma de utilização dos recursos financeiros e os graus de eficiência alcançados. O objetivo da avaliação se torna preciso: avaliar para pilotar, para regular o local; em outras palavras, para submeter cada instituição ao global, isto é, ao sistema, de acordo com o que é definido pela administração central.

A avaliação imposta pelo MEC nos últimos anos é um dos mais eficientes instrumentos do crescente intervencionismo estatal sobre os âmbitos públicos da sociedade. Utiliza-se de instrumentos objetivos, focados nos resultados ou desempenhos quantificáveis, que permitam comparações e levem ao estabelecimento de rankings. Os instrumentos utilizados são basicamente os testes de alcance nacional centrados no rendimento estudantil e as análises das condições de infra-estrutura humana e física dos cursos como indicadores da qualidade, ou seja, de eficiência e produtividade, ou, melhor ainda, de competitividade.

Ao contrário do que é próprio da educação, a avaliação praticada pelo MEC não é um instrumento nem tampouco um processo com propósito educativo ou formativo. Enquadra-se naquilo que a literatura da área chama de "modelo de regulação" ou de "controle". Tem por propósito reunir informações objetivas para regular o sistema e controlar a "qualidade". E, nesse modelo avaliativo, a "qualidade" é reduzida a produtividade, competitividade e eficiência. Sendo assim, pode ser medida e classificada. A quantificação de produtos observáveis e comparáveis (*rankings*), tomada como índice de qualidade, serve ao MEC e ao mercado. Para o primeiro, é um conjunto de informações úteis para respaldar as diretrizes centrais de regulação e fiscalização do sistema de educação superior, controlar a "autonomia" das instituições, informar os procedimentos de credenciamento/descredenciamento e de financiamento; para o mercado, funciona como um instrumento pretensamente objetivo, facilmente compreendido mediante as tabelas de classificação e comparação divulgadas pela mídia, e de grande utilidade para orientar os clientes sobre as posições relativas das instituições no quadro de competições.

e) O setor privado da educação superior

Entre os traços mais evidentes do atual quadro da educação superior no país, como já foi parcialmente demonstrado, encontra-se a expansão e predominância, em termos de instituições, vagas e matrículas de graduação, do setor privado, subdividido em IES comunitárias, confessionais, filantrópicas e particulares ou privadas *stricto sensu*. Embora as primeiras IES privadas – confessionais – tenham surgido ainda na primeira metade do século XX, a expansão do setor privado e em especial das IES particulares é um fenômeno que se acelera a partir da ditadura militar e recrudesce nos últimos sete a oito anos. Nesse processo, crescem as instituições dirigidas por mantenedoras independentes ou empresas educacionais lucrativas, sem relevante participação da comunidade universitária em sua gestão, como faculta a Lei (Decretos 2.306/97 e 3.860/01).

No ano 2000, como vimos na Tabela 1 (p.), as instituições privadas correspondem a 85% do total das 1.180 IES existentes no país. E do total de 1.004 IES privadas, 70% (698) eram particulares ou privadas stricto sensu.

Os dados relativos à distribuição por tipo de instituição no ano de 2000 revelam que, enquanto as IES comunitárias e confessionais organizadas como universidades predominam em número sobre as privadas (58 e 27), ocorre o oposto em relação a Centros Universitários (17 e 32), a Faculdades Integradas (22 e 66) e a IES isoladas (209 e 573).

Quanto ao número de cursos, a distribuição entre comunitárias/confessionais e particulares é bastante homogênea: 3.249 e 3.315. Isto se explica pelo ainda predomínio numérico de universidades comunitárias e confessionais.

Quanto ao total de docentes (58.178 e 51.380), matrículas (926.664 e 880.555) e concluintes (107.917 e 104.366), verifica-se leve predomínio das IES comunitárias e confessionais sobre as particulares ou privadas *stricto sensu*.

As análises têm demonstrado que está se impondo hoje na educação superior do país o que se denomina *diferenciação privatista no interior do próprio setor privado*, isto é, o crescimento do subsetor das IES particulares, seja em número de instituições, seja em número de vagas, é muito superior ao verificado nas IES comunitárias ou confessionais – e com muito maior evidência que o do setor público.

Do ponto de vista do desempenho ou da qualidade das atividades desenvolvidas no conjunto das IES privadas, algumas observações preliminares são necessárias: 1) essas mais de mil Instituições, com exceção de algumas universidades comunitárias ou confessionais que desenvolvem programas consolidados de pós-graduação e de uma ou outra instituição particular com alguma tradição em pesquisa, dedicam-se quase exclusivamente a atividades de ensino (sem maiores vínculos com atividades de pesquisa), realizadas no período noturno; 2) a maioria dos mais de 100 mil docentes contratados trabalha na condição de professores horistas; 3) a maioria dessas instituições não dispõe de bibliotecas, laboratórios ou recursos de informática em condições de suprir as necessidades das atividades de ensino.

Diante dessa realidade e do nível sócio-econômico dos estudantes, que tem provocado elevado índice de inadimplência (em torno de 30%), não é de estranhar que a qualidade do ensino dessas instituições, mesmo que medida por instrumento discutível como o Exame

Nacional de Cursos (Provão), esteja em média em patamares muito abaixo do desejável e necessário.

É necessário ainda observar que, em que pese o resultado da aplicação sucessiva dos instrumentos oficiais de avaliação, que têm demonstrado níveis muito baixos de condições de oferta, assim como baixa performance do alunado nas provas de final de curso, muito poucas medidas oficiais foram tomadas para impedir a deterioração ainda maior da qualidade do setor e do subsistema.

Uma última observação a ser feita relaciona-se à necessidade – enquanto o Estado não possa suprir com vagas no setor público a maior parte da demanda por educação superior gratuita – de dar resposta às grandes necessidades financeiras de milhares de estudantes que se vêem obrigados a freqüentar o ensino superior privado, seja nas capitais, seja no interior.

f) Da necessidade de ampliação da educação superior.

Em síntese, o Brasil entra no século XXI com pouco mais de 1,5% da população total e cerca de 8% da faixa etária de 18 a 24 anos freqüentando algum curso de nível superior. Os graduados a cada ano, em todas as áreas de conhecimento, mal superam os 2% dessa faixa etária. Dos estudantes do 3º grau no Brasil, apenas 33% estudam em instituições públicas e gratuitas; os demais 67% estudam em instituições pagas, não porque as prefiram, mas porque não encontram vagas no ensino público. Essa situação decorre do modelo de expansão do ensino superior posto em prática no Brasil da ditadura militar a nossos dias, que prioriza, em especial nos anos recentes, o ensino superior privado e pago.

O Plano Nacional de Educação aprovado em janeiro de 2001 se propõe a atingir a meta de 30% da faixa etária de 18 a 24 anos ao final de uma década (índice já alcançado pela Argentina e pelo Chile e próximo de ser conquistado pela Venezuela e até pela Bolívia). Para atingi-la, contudo, o atual governo não só não previu os investimentos correspondentes no ensino superior público e gratuito como: a) vetou todas as metas do PNE, aprovado pelo Congresso Nacional, que significavam aumento de gastos públicos para seu cumprimento; b) estimula a ampliação da rede de instituições privadas, a que a imensa maioria da população de qualquer modo não terá acesso, dada a escandalosa concentração de renda no país; e c) mantém congelados os recursos materiais e humanos, enquanto cobra maior ampliação do número de estudantes nas IES públicas.

Seguindo ainda os ditames do Banco Mundial e outras agências financeiras, e mediante o capítulo "Da Educação Superior" da LDB, decretos, portarias, anteprojetos de Lei da Autonomia, o atual governo não tem poupado esforços para: 1) a máxima diferenciação institucional e transformação gradativa da maioria das IES nas chamadas universidades de ensino, nas quais não haverá lugar para atividades de pesquisa; 2) a destruição da carreira docente nacional e da matriz salarial isonômica nas IFES, com a conseqüente implantação de regimes precarizados e competitivos de trabalho; 3) a programada desobrigação da União com o financiamento da rede federal de ensino superior e indução à busca de recursos para sua manutenção junto a fontes privadas; e 4) a redução do pessoal docente e técnico-administrativo.

Esse rápido diagnóstico mostra, entre outras coisas, como o atual governo conseguiu fazer avançar o inaceitável processo de privatização da educação superior, reduzir progressivamente os recursos para o setor público federal e evitar o fortalecimento e uma expansão mais significativa das 52 instituições federais, que deveriam constituir-se na espinha dorsal do subsistema.

No Brasil, os desafios da educação são de tal magnitude em todos os níveis que não pode haver mais contradição entre a prioridade da educação básica e da educação superior.

Contrapondo-se a esse modelo, o Partido dos Trabalhadores está convencido de que a obrigatória ampliação das vagas e matrículas na educação superior, em especial pública, deverá estar necessariamente associada à qualidade do ensino, que também decorre da multiplicação dos investimentos no setor público, do respeito ao princípio da associação entre ensino, pesquisa e extensão e da permanente avaliação das IES públicas e privadas para a melhoria da gestão institucional e da qualidade acadêmica, com cumprimento de sua missão pública no âmbito local, regional ou nacional.

Esses cuidados se impõem em face da experiência de outros países latino-americanos, que massificaram seus sistemas de educação superior e viram deteriorar-se sua qualidade. Expansão sem garantia de qualidade, sem aperfeiçoamento da instituição universitária como instituição crítica e criativa, e sem a formação de profissionais competentes e conscientes de suas responsabilidades públicas numa sociedade em transformação, seria um grande equívoco em termos econômicos e um retrocesso em termos de democracia.

6. Educação Superior: Diretrizes, Propostas e Metas

6.1. Diretriz maior: ampliação da oferta de educação superior pública

No início da década de 90, concluíam anualmente o ensino médio cerca de 500 mil alunos. Em 2001 foram cerca 2 milhões os concluintes, com um crescimento de 200%. Este número pressionou a demanda por educação superior, mas o subsistema respondeu com apenas 80% de crescimento, passando de 1,5 milhão de estudantes para 2,7 milhões no período.

Avalia-se que existam hoje no Brasil cerca de 10 milhões de cidadãos com o ensino médio concluído e, portanto, potenciais candidatos ao ensino superior. As vagas neste ano de 2002 não devem ultrapassar o total de 1,4 milhão.

No ano 2000, os candidatos inscritos para os exames de ingresso na educação superior foram cerca de 4 milhões, mas o total de vagas oferecido foi de apenas 1.216.287, sendo 970.655 (79,8%) no setor privado e 245.632 (20,2%) no setor público. No total, foram 3,3 candidatos por vaga, mas no setor público essa relação foi de 8,7 candidatos por vaga (2.178.918 para 245.632).

Nos próximos quatro anos, a demanda por ensino superior deverá triplicar, podendo chegar, setor público, em 2006, a 6 ou 7 milhões de candidatos. Se no ano 2000 os excedentes no setor público foram 1.933.286, ou 7,8 por vaga, quantos não serão no ano 2006, caso o total de vagas não seja multiplicado?

Na pós-graduação, a defasagem é menor, mas com tendência a acelerar-se, seja em razão do aumento dos titulados na graduação (quase meio milhão por ano), seja por força da ampliação do corpo docente universitário, em razão da triplicação das vagas no ensino de graduação, para o qual cada vez mais se exigem qualificações profissionais em nível de mestrado e doutorado. As matrículas no mestrado e no doutorado devem ter um aumento próximo de 100% nos próximos quatro anos. Um agravante é que, como no caso da graduação, essa expansão se dá sem nenhum planejamento, de forma extremamente concentrada em termos regionais e de áreas de conhecimento, e sem o necessário controle da qualidade.

As perspectivas são extremamente preocupantes. Se não houver uma significativa expansão de vagas e matrículas no setor público, a proporção público/privado, que hoje é de 1 para 3, tenderá a ser, em pouco tempo, de 1 para 4 e mesmo de 1 para 5. Com um agravante: dada a enorme concentração de renda, não restará aos jovens que não conseguirem vagas na educação superior pública sequer a possibilidade de concorrer a vagas na educação superior privada, pois não terão como pagar seus estudos, a menos que, e esse é o risco maior, haja um crescente alijeiramento das exigências de duração e qualidade dos cursos oferecidos, que provoque redução nos preços atualmente praticados.

Dos 4 milhões de candidatos do ano 2000, um em cada quatro conseguiu vaga. Enquanto no setor público as vagas ociosas há muitos anos não passam de 3%, no setor privado, por razões principalmente financeiras, as vagas ociosas giram em torno de 22%, tendendo a aumentar toda a vez que a crise econômica se agrava.

A única saída para aumentar a participação do setor público no esforço de expansão e multiplicação das matrículas na educação superior e garantir alguma esperança de ampliação do acesso dos jovens, a cada ano mais numerosos, que sonham com a educação superior é o governo do PT, em conjunto com os Estados, propor-se o inarredável desafio de ampliar, nos quatro anos de governo, as vagas no ensino superior em taxas compatíveis com o estabelecido em meta aprovada no PNE: "Prover, até o final da década, a oferta da educação superior para, pelo menos, 30% da faixa etária de 18 a 24 anos". Isto significará possivelmente dobrar o total de matriculados no setor público ao final de quatro anos.

Outro desafio do governo federal em conjunto com os Estados é

> "ampliar a oferta de ensino público de modo a assegurar uma proporção nunca inferior a 40% do total de vagas, prevendo inclusive a parceria da União com os Estados na criação de novos estabelecimentos de educação superior",

no estrito cumprimento de meta do PNE aprovada pelo Congresso Nacional e vetada pelo presidente da República. A luta pela derrubada de todos os vetos apostos ao PNE deverá ser prioritária para o futuro governo.

Para responder à crescente demanda por cursos de mestrado e doutorado, o governo do PT, em conjunto com os Estados, deverá propor-se também o desafio e a tarefa de promover o aumento anual do número de mestres e doutores formados no sistema nacional de pós-graduação em, pelo menos, 5%, conforme meta do PNE.

O modelo universitário brasileiro consagrado pela Constituição Federal é o que deve associar ensino, pesquisa e extensão. Tradicionalmente, a associação entre ensino e pesquisa, por exemplo, tem-se dado quase exclusivamente na pós-graduação stricto sensu. Tanto o incentivo e as condições para desenvolvimento de pesquisa pelos professores vinculados apenas aos cursos de graduação, quanto os programas de iniciação científica do corpo discente em IES públicas e privadas, têm merecido cada vez menos atenção.

Não deveria ser necessário reiterar o valor formativo da pesquisa na construção do pensamento critico e na criação de conhecimento novo por parte da comunidade acadêmica, e sua importância em termos estratégicos para o desenvolvimento autônomo do país.

Se para o governo do PT é importante aumentar significativamente o número de vagas na graduação e na pós-graduação, também lhe parece fundamental aumentar a capacidade inventiva do povo brasileiro, através da pesquisa, e integrar as ações do MEC e do MCT para a implementação de programas de desenvolvimento científico, cultural, artístico e tecnológico.

A expansão da rede pública de ensino superior significará, não só melhor qualificação dos profissionais formados, mas também a promoção do desenvolvimento econômico e social do país, sobretudo nas regiões até hoje desassistidas pelo Estado. Para o governo do PT, a expansão da rede pública é condição necessária, mas não suficiente, para promover a democratização do acesso ao ensino superior; também são necessárias políticas de ampliação significativa do ensino médio público e, sobretudo, de melhor distribuição de renda, conforme defende este programa.

De forma integrada a essas medidas centrais, há de se dar resposta às dificuldades financeiras das centenas de milhares de estudantes carentes que se vêem obrigados a freqüentar o ensino superior privado e não dispõem de meios para custear seus estudos. Para tanto, é indispensável promover a substituição do Programa de Financiamento ao Estudante (FIES) por um novo Programa Social de Apoio ao Estudante, cujos recursos não estejam vinculados constitucionalmente à educação (Art. 212 da CF) e obedeçam, na sua aplicação, a critérios de renda dos candidatos e de qualificação das IES e cursos envolvidos. Além disso, deve-se criar um Programa Nacional de Bolsas Universitárias (PNBU) – também com recursos não vinculados constitucionalmente à educação e obedecendo aos mesmos critérios de aplicação do crédito educativo – para estudantes carentes que, em contrapartida, executarão atividades junto às suas comunidades.

Calcula-se que para essa ampliação do número de vagas no ensino de graduação e pós-graduação no setor público federal; melhorar e ampliar condições de pesquisa e iniciação científica; e recuperar as condições salariais e de trabalho dos corpos docente e de funcionários técnico-administrativos nas IFES, será necessário aumentar também significativamente o montante hoje investido nesse setor. Aumento em proporções semelhantes será necessário nos investimentos públicos estaduais.

Na esfera federal, deve-se prever a elevação progressiva do total de recursos destinados às IFES a partir da derrubada do veto presidencial à meta 4.4/24 do Plano Nacional de Educação, que, nos termos que seguem, foi aprovada pelo Congresso Nacional:

> "Assegurar, na esfera federal, através de legislação, a criação do Fundo de Manutenção e Desenvolvimento da Educação Superior, constituído, entre outras fontes, por, pelo menos, 75% dos recursos da União vinculados à manutenção e desenvolvimento do ensino, destinados à manutenção e expansão da rede de instituições federais".

6.2. Demais diretrizes

A resposta aos anseios da sociedade por um país democrático, cujos cidadãos participem ativamente da definição e execução dos projetos de desenvolvimento nacional, necessita de profunda transformação no subsistema de educação superior do país.

A transformação da educação superior que neste plano se idealiza pressupõe:

1. a promoção da autonomia universitária e a preservação dos valores universitários fundamentais, como a liberdade acadêmica e a pluralidade no campo da reflexão filosófica, das letras e artes e do conhecimento científico;

2. a consolidação das universidades como locus de atividades associadas de ensino, de pesquisa e de extensão e como instituições estratégicas para o implemento das políticas setoriais nas áreas científica, tecnológica e industrial, articuladas em um projeto nacional, com investimentos de curto e longo prazo;

3. a reafirmação do papel do Estado na constituição do subsistema de educação superior, do que decorre o compromisso com a consolidação das instituições públicas como referência para o conjunto das IES do país;

4. o reconhecimento público da contribuição da educação superior para a formação acadêmica, cultural e ética dos cidadãos, valores fundamentais para o desenvolvimento social;

5. a democratização da educação superior com base em significativa ampliação do acesso ao ensino superior público, asseguradas a gratuidade, a eqüidade social nos processos seletivos e a gestão democrática;

6. o reconhecimento ou a renovação da condição universitária das instituições públicas e privadas de qualquer natureza – particular, comunitária, confessional ou filantrópica –, respeitado o princípio da autonomia, mediante processos periódicos de recredenciamento;

7. a implementação de um sistema de avaliação institucional – democrática, participativa e fundada no princípio da autonomia e no sentido público e social da educação superior – que tenha como principal objetivo a melhoria da gestão institucional e da qualidade acadêmica das IES.

8. a execução de políticas de desenvolvimento e integração do ensino, pesquisa e extensão que permitam:

a) repensar o ensino na perspectiva de uma "universidade sem fronteiras", que combine formação abrangente, integrada e permanente;

b) priorizar a expansão dos cursos de graduação (diurno e noturno) e a melhoria da sua qualidade, mediante adequada expansão do quadro docente e de técnicos, apoio a laboratórios de ensino, bolsas de iniciação científica, monitoria e Projetos Especiais de Treinamento – PET, e ações que valorizem a formação humanista e científica, além de outros recursos necessários à manutenção das IES públicas;

c) promover o desenvolvimento da pesquisa em todas as áreas de conhecimento e níveis de ensino, mediante o estímulo a grupos consolidados ou emergentes e a criação de novos grupos e programas de iniciação científica;

d) estimular a expansão qualificada, ampliando o acesso a cursos de mestrado e doutorado e implementando políticas de desconcentração regional;

e) contribuir para a formação profissional dos estudantes, propondo às IES a incorporação da extensão nos planos curriculares, valorizando a atuação extensionista dos docentes, contribuindo para a descentralização universitária e ampliando o relacionamento da universidade com diferentes setores da sociedade;

f) intensificar os intercâmbios nacionais e internacionais (principalmente com países latino-americanos e outros que, como o Brasil, têm dependência científica e tecnológica), com base em projetos de pesquisa, ensino e extensão; e buscar relações mais simétricas com a comunidade acadêmica dos países centrais;

9. a elevação do volume global e per capita de recursos públicos aplicados na educação superior pública, objetivando a execução das propostas deste plano e o alcance das metas nele estabelecidas.

10. a valorização do trabalho dos docentes e dos funcionários técnico-administrativos, através do fortalecimento de suas carreiras e do respeito a suas entidades associativas;

11. a implantação de um Programa Social de Apoio ao Estudante, voltado aos estudantes carentes matriculados em instituições privadas, sem prejuízo dos recursos públicos constitucionalmente destinados à educação (Art. 212 da CF) e de um Programa Nacional de Bolsas Universitárias, com os mesmos critérios de origem dos recursos e de destinação do auxílio.

O processo de transformação da educação superior do país, que deverá decorrer dos compromissos, propostas e metas a seguir expostos, somente chegará a bom termo se se puder contar com o acordo e a integração de esforços dos governos federal, estaduais e municipais, e se estiver articulado às políticas de ciência e tecnologia, de expansão e melhoria da educação Básica, e ao projeto nacional de desenvolvimento.

Compromissos básicos

O governo federal, articulado com os governos estaduais e municipais, deve comprometer-se com:

1. a promoção da autonomia universitária e da indissociabilidade entre ensino, pesquisa e extensão nos termos constitucionais (Artigo 207 da CF);

2. o reconhecimento do papel estratégico das universidades, em especial as do setor público, para o desenvolvimento econômico e social do país;

3. a consolidação das instituições públicas como referência para o conjunto das IES do país;

4. a expansão significativa da oferta de vagas no ensino superior, em especial no setor público;

5. a ampliação do financiamento público ao setor público, revisão e ampliação do crédito educativo e criação de programa de bolsas universitárias, com recursos não vinculados constitucionalmente à educação;

6. a defesa dos princípios constitucionais da gratuidade do ensino superior público (artigo 206, IV, da CF);

7. o envolvimento das IES, em especial as do setor público, com a qualificação profissional dos professores para a educação básica, em cursos que garantam formação de alta qualidade acadêmico-científica e pedagógica e associem ensino, pesquisa e extensão.

6.3. Principais propostas e metas

1. Ampliar, em quatro anos, as vagas no ensino superior, em taxas compatíveis com o estabelecido no PNE *(Prover até o final da década, a oferta da educação superior para, pelo menos, 30% da faixa etária de 18 a 24 anos).*

2. Ampliar a oferta de ensino público universitário, de modo a assegurar uma proporção nunca inferior a 40% do total de vagas, prevendo inclusive a parceria da União com os Estados na criação de novos estabelecimentos de educação superior (cf. meta do PNE aprovada pelo Congresso Nacional e vetada pelo presidente da República).

3. Promover o aumento anual do número de mestres e de doutores formados no sistema nacional de pós-graduação em pelo menos 5%, em conformidade com meta estabelecida pelo PNE.

4. Elevar de forma progressiva o total de recursos destinados às IFES a partir da derrubada do veto presidencial à meta 4.4/24 do Plano Nacional de Educação, que assim foi aprovada pelo Congresso Nacional:

> "Assegurar, na esfera federal, através de legislação, a criação do Fundo de Manutenção e Desenvolvimento da Educação Superior, constituído, entre outras fontes, por, pelo menos, 75% dos recursos da União vinculados à manutenção e desenvolvimento do ensino, destinados à manutenção e expansão da rede de instituições federais".

5. Promover a autonomia universitária nos termos constitucionais, vinculando-a à democracia interna, baseada na tomada de decisões por órgãos colegiados representativos e no controle social mediante mecanismos abertos de prestação de contas e de avaliação institucional.

6. Estabelecer e implantar medidas que visem diminuir a desigualdade de oferta de cursos e vagas de graduação e pós-graduação em termos regionais e de interiorização.

7. Planejar e incentivar, na graduação e pós-graduação, a oferta de cursos e vagas em áreas de conhecimento que melhor respondam às necessidades do projeto nacional de desenvolvimento.

8. Estabelecer mecanismos e critérios que superem os limites do atual processo de seleção e considerem a possibilidade de novas formas de acesso ao ensino superior, em especial para grupos historicamente discriminados.

9. Estabelecer medidas com vistas a reduzir a evasão escolar.

10. Implantar de forma progressiva uma rede universitária nacional de ensino superior à distância, com exigente padrão de qualidade.

11. Implantar um Programa Nacional de Apoio ao Ensino, à Pesquisa e à Extensão nas universidades, para desenvolvimento de projetos que associem essas três atividades-fim da universidade, envolvendo alunos bolsistas de iniciação acadêmica.

12. Ampliar os programas de iniciação científica (PET e PIBIC) e criar programas de iniciação à docência e à extensão.

13. Implantar um sistema nacional de avaliação institucional (em substituição ao atual sistema de avaliação, que inclui o Exame Nacional de Cursos – ENC ou Provão), a partir, entre outras, da experiência do Programa de Avaliação Institucional das Universidades Brasileiras (PAIUB), coordenado por um Conselho Nacional de Avaliação representativo e autônomo.

14. Revisar as carreiras e matrizes salariais dos docentes e funcionários técnico-administrativos das IFES com base em parâmetros de qualificação e desempenho, e adoção de planos de qualificação profissional para os funcionários técnico-administrativos.

15. Revisar as atribuições e a composição (representatividade) do Conselho Nacional de Educação (CNE).

16. Ampliar a supervisão, pelo poder público, da oferta e expansão dos serviços públicos de educação superior prestados por IES públicas e privadas, respeitada a autonomia universitária.

17. Aperfeiçoar e aplicar a atual legislação sobre reconhecimento ou renovação da condição de universidade atribuída à IES públicas ou privadas, com base em procedimentos definidos pelo sistema nacional de avaliação institucional.

18. Redefinir os critérios para autorização de funcionamento de novos cursos, para reconhecimento dos cursos autorizados e em funcionamento, e para credenciamento e recredenciamento das IES.

19. Substituir o atual sistema de crédito educativo (FIES) por um novo Programa Social de Apoio ao Estudante, com crédito educativo para 396 mil estudantes (cf. meta do PNE aprovada pelo Congresso Nacional e vetada pelo presidente da República), e com recursos não vinculados constitucionalmente à educação (Art. 212 da CF), que obedeça a critérios de carência dos candidatos e de qualidade comprovada da IES e dos cursos que freqüentarem.

20. Criar um Programa de Bolsas Universitárias, no âmbito do Programa Nacional de Renda Mínima, com recursos não vinculados constitucionalmente à edu-

cação, para beneficiar 180 mil estudantes carentes que estudem em cursos de qualidade comprovada e que, em contrapartida, realizem trabalho social comunitário.

21. Estabelecer novo marco legal para as Fundações de Apoio Institucional (FAI) criadas nas IES públicas, regulamentando suas atribuições na prestação de serviços às IES, ao setor produtivo e à sociedade, de modo a garantir seu estrito controle pela respectiva IES, sua submissão às diretrizes maiores da IES, o retorno dos recursos financeiros e patrimoniais auferidos em suas atividades à IES, e impedir sua utilização por interesses de indivíduos ou grupos.

22. Implementar programas nacionais de recuperação, ampliação e transformação das bibliotecas universitárias.

23. Implementar programas de incentivo às áreas de Artes nas IES.

24. Revisar a legislação e o estatuto dos hospitais universitários, para integrar suas atividades acadêmicas de ensino e pesquisa com a necessária qualidade de suas atividades assistenciais.

25. Envolver as universidades nos programas de ampliação de emprego e renda, e de formação e qualificação profissional dos trabalhadores.

26. Envolver as universidades nos programas de apoio e difusão tecnológica às micro, pequenas e médias empresas.

27. Criar uma Coordenação Nacional de Educação a Distância no MEC, com orçamento próprio e articulada com o ensino fundamental, médio e superior (universidade aberta).

O financiamento da educação no Brasil

As propostas de ação do governo do PT para superar a grave situação educacional atual devem estar em consonância com as reivindicações da sociedade civil organizada e com os acordos políticos feitos no âmbito do Congresso Nacional quando da aprovação do Plano Nacional de Educação (PNE).

A ação concreta nessa direção será a retirada dos vetos presidenciais que incidiram sobre a quase totalidade das metas que envolvem ampliação dos recursos financeiros necessários à sua efetiva implementação. Como afirma estudo recente do IPEA, o PNE, com os vetos, reduziu-se a uma simples carta de intenções. Como conseqüência, caberá ao novo governo dar início à implementação do financiamento da educação, conforme aprovado pelo Congresso Nacional, a saber:

> "Elevação na década, através do esforço conjunto da União, Estados, Distrito Federal e Municípios, do percentual de gastos públicos em relação ao PIB, aplicados em educação, para atingir o mínimo de 7%. Para tanto, os recursos devem ser ampliados, anualmente, à razão de 0,5% do PIB, nos quatro primeiros anos do Plano, e de 0,6% no quinto ano".

CAPÍTULO 2

EDUCAÇÃO DEMOCRÁTICA E LUTA PELA TERRA

APRESENTAÇÃO

A contribuição do Movimento dos Trabalhadores Rurais Sem Terra (MST) à formulação de uma nova política educacional, não se limita a assegurar o acesso à escola às milhares de crianças que vivem dentro e fora dos acampamentos e assentamentos que o MST possui em quase todo o Brasil. Como evidenciam os documentos aqui apresentados, um dos desafios políticos centrais deste movimento, tem sido criar uma pedagogia da terra associada a uma estrutura escolar democrática, onde se ampliem os ideais de justiça social, democracia radical e os valores humanistas e socialistas que devem fundamentar a construção de uma nova sociedade.

O MST foi fundado em 1984, como movimento nacional em prol da reforma agrária, reagindo a uma herança de injustiças sem igual: 1% dos proprietários controla cerca de 50% da terra para a agricultura, enquanto milhões de trabalhadores rurais possuem empregos precários ou escassos. Maior e mais influente movimento social no País, o MST atua em 23 dos 27 estados brasileiros, com mais de 400.000 famílias estabelecidas em 2.500 assentamentos e acampamentos.

A educação constitui uma das bases de sustentação do projeto político do MST. A rigor, como suas próprias lideranças sempre enfatizam, o movimento, como um todo, é um espaço de experiência educacional, tornando cada assembléia, mobilização e ocupação, uma lição de compromisso e exercício da cidadania. Contudo, o MST também possui seu próprio sistema de educação formal. Com as primeiras ocupações e acampamentos, tornou-se claro que a reforma agrária representava mais do que simplesmente ganhar o direito à terra, e que a educação seria uma parte central na construção da cidadania efetiva dos Sem Terra, mediante o fortalecimento de um movimento capaz de transformar a sociedade brasileira. Cidadania esta, que não é feita da adaptação acrítica a uma democracia que reduz a participação popular aos períodos eleitorais, senão que se constrói e se edifica na participação política direta, na mobilização social e na lutas cotidianas em prol da justiça, da igualdade e dos direitos historicamente negados.

A escola é uma das primeiras construções a serem erguidas em todas as comunidades do MST. O movimento possui, atualmente, 1.800 escolas de ensino fundamental, educando aproximadamente 160.000 crianças. Todas estas escolas fazem parte do sistema público, financiadas pelos governos municipais ou estaduais, geralmente após grandes lutas pelo seu reconhecimento, sendo regidas pelos princípios filosóficos e pedagógicos do MST. Até mesmo nos acampamentos, em situações de grande ausência de recursos e condições materiais, se desenvolvem atividades educativas, baseadas na metodologia da Escola Itinerante. Dados os baixos níveis de alfabetização em áreas rurais e sua importância para a participação política, a educação de jovens e adultos tem sido sempre uma prioridade para o movimento. Atualmente, 30.000 jovens e adultos participam das atividades educacionais do movimento. Há também cirandas infantis e um crescente número de programas de formação de professores e outros cursos do ensino superior em parceria com as universidades federal e estadual. A Escola Florestan Fernandes, uma instituição nacional do MST, está atualmente sendo construída em São Paulo para oferecer uma variedade de cursos, incluindo capacitação de lideranças, cursos agro-industriais e ciências sociais.

O primeiro documento aqui apresentado foi extraído de um dos Cadernos produzidos pelo MST em 1999 para orientar professores e coordenadores do movimento que atuam no ensino fundamental. Para o MST, a escola é uma parte essencial da comunidade e do próprio movimento, incentivando a participação de todos dentro da mesma e assim fortalecendo as estruturas democráticas do lado de fora. Em vez de um espaço para adaptar a criança às necessidades de um mundo em constante mudança, o MST entende a escola como um sujeito que transforma a sociedade e os alunos como participantes da luta por um mundo melhor.

O segundo texto é o manifesto do 1º Encontro Nacional de Educadoras e Educadores da Reforma Agrária (ENERA), de julho de 1997. Este evento pioneiro, que aconteceu na Universidade de Brasília com o apoio da UNESCO e UNICEF, reuniu quase mil professores do MST de todo o país. Com o tema "Escola, Terra e Dignidade", os participantes se engajaram em um intercâmbio inédito de experiências pedagógicas, contribuindo para o desenvolvimento da proposta de educação do movimento e inspirando o Programa Nacional de Educação na Reforma Agrária (PRONERA).

O Seminário Nacional que deu origem ao documento "Por uma Educação do Campo: Declaração 2002" foi elaborado em colaboração entre o MST e vários outros grupos políticos, sociais e religiosos, abrangendo a Conferência Nacional dos Bispos do Brasil (CNBB) e a Comissão Pastoral da Terra (CPT). Estruturado a partir da Conferência Nacional por uma Educação Básica do Campo, de 1998, este evento apresentou uma série de desafios para o novo Governo Lula, conclamando a corrigir séculos de negligência e abandono da educação rural. A escassez de professores qualificados, infraestrutura e material didático, como também a criação de um currículo específico para áreas rurais e a necessidade de fomentar uma identidade rural positiva, foram incluídos nas reivindicações destes movimentos sociais, sindicatos, governos e ONGs.

Recuperando o conceito freireano de "conscientização", o MST tem recriado uma pedagogia de pensamento crítico e de ação política transformadora, bem como estruturas de administração de escola participativa, em acordo com os princípios de democracia radical.

Enquanto o movimento se mobiliza diretamente em oposição às forças nacionais e internacionais que desejam mercantilizar e desumanizar a educação, a própria existência das escolas do MST constitui um desafio de primeira ordem para a formulação de uma nova política educacional.

A proposta educacional do MST está intimamente ligada à terra, à cultura rural e às lutas pela reforma agrária. Todavia, ela tem um significado que supera essa territorialidade. Seria ingênuo subestimar as dificuldades envolvidas na realização dos ideais políticos e filosóficos na dura realidade que enfrentam, cotidianamente, os assentados e acampados. No entanto, o sistema escolar do MST, bem como sua esperançada pedagogia libertadora, são exemplos vivos de que um "outro mundo" é possível. Os documentos incluídos neste capítulo revelam parte da contribuição que o Movimento Sem Terra realiza para a construção de uma nova política educacional numa era pós-neoliberal.

TRISTAN MCCOWAN (LPP/UERJ)

Fontes do presente capítulo:

• NOSSA CONCEPÇÃO DE ESCOLA,
extrato do Caderno de Educação N° 9,
"Como Fazemos a Escola de Educação Fundamental",
Movimento dos Trabalhadores Rurais Sem Terra, Veranópolis –
RS, 1999.

• MANIFESTO DAS EDUCADORAS E DOS EDUCADORES
DA REFORMA AGRÁRIA AO POVO BRASILEIRO,
1° Encontro Nacional de Educadoras e Educadores da
Reforma Agrária, Brasília, 28 a 31 de julho de 1997.

• POR UMA EDUCAÇÃO DO CAMPO: DECLARAÇÃO 2002 &
PROPOSTAS DE AÇÃO PARA O NOVO GOVERNO,
Seminário Nacional por uma Educação no Campo,
Brasília, 26 a 29 de novembro de 2002.

NOSSA CONCEPÇÃO DE ESCOLA
Movimento dos Trabalhadores Rurais Sem Terra

O MST tem uma pedagogia. A pedagogia do MST é o jeito através do qual o Movimento historicamente vem formando o sujeito social de nome *Sem Terra*[1], e que no dia a dia educa as pessoas que dele fazem parte. E o princípio educativo principal desta pedagogia é o próprio movimento. Olhar para esta pedagogia, para este movimento pedagógico, nos ajuda a compreender e a fazer avançar nossas experiências de educação e de escola vinculadas ao MST.

Ser Sem Terra hoje é bem mais do que ser um trabalhador ou uma trabalhadora que não tem terra, ou mesmo que luta por ela; *Sem Terra é uma identidade historicamente construída*, primeiro como afirmação de uma condição social: *sem-terra*, e aos poucos não mais como uma circunstância de vida a ser superada, mas sim como uma identidade de cultivo: *somos Sem Terra do MST!*

---

[1] Alguns esclarecimentos sobre a grafia do nome Sem Terra: A condição (individual) de sem (a) terra, ou seja a de trabalhador ou trabalhadora do campo que não possui sua terra de trabalho, é tão antiga quanto a existência da apropriação privada deste bem natural. No Brasil, a luta pela terra e mais recentemente a atuação do MST, acabaram criando na língua portuguesa o vocábulo sem-terra, com hífen, e com o uso do s na flexão de número (os "sem-terras"), indicando uma designação social para esta condição de ausência de propriedade ou de posse da terra de trabalho, e projetando, então, uma identidade coletiva. O MST nunca utilizou em seu nome nem o hífen, nem o s, o que historicamente acabou produzindo um nome próprio, Sem Terra, que é também sinal de uma identidade construída com autonomia. O uso social do nome já alterou a norma referente à flexão de número, sendo hoje já consagrada a expressão os sem-terra. Quanto ao hífen, fica como distintivo da relação entre esta identidade coletiva de trabalhadores e trabalhadoras da terra e o Movimento que a transformou em nome próprio, e a projeta para além de si mesma.

Isto fica ainda mais explícito no nome *crianças Sem Terra ou Sem Terrinha*, que não distinguindo filhos e filhas de famílias acampadas ou assentadas, projeta não uma condição mas um sujeito social, um nome próprio a ser herdado e honrado. Esta identidade fica mais forte à medida que se materializa em um modo de vida, ou seja, que se constitui como cultura, e que projeta transformações no jeito de ser das pessoas e da sociedade, cultivando valores radicalmente humanistas, que se contrapõem aos valores anti-humanos que sustentam a sociedade capitalista atual.

A relação do MST com a educação é, pois, uma relação de origem: a história do MST é a história de uma grande obra educativa. Se recuperamos a concepção de educação como *formação humana* é sua prática que encontramos no MST desde que foi criado: a transformação dos 'desgarrados da terra' e dos 'pobres de tudo' em cidadãos, dispostos a lutar por um lugar digno na história. É também educação o que podemos ver em cada uma das ações que constituem o cotidiano de formação da identidade dos sem-terra do MST.

O Movimento é nossa grande escola, dizem os Sem Terra. E, de fato, diante de uma ocupação de terra, de um acampamento, de um assentamento, de uma Marcha, de uma escola conquistada pelo Movimento, é cada vez mais pertinente perguntar: como cada uma destas ações educa as pessoas? como forma um determinado jeito de ser humano? que aprendizados pessoais e coletivos entram em jogo em cada uma delas?

A herança que o MST deixará para seus descendentes será bem mais do que a terra que conseguir libertar do latifúndio; será *um jeito de ser humano* e de tomar posição diante das questões de seu tempo; serão os valores que fortalecem e dão identidade aos lutadores do povo, de todos os tempos, todos os lugares. É enquanto produto humano de uma obra educativa que os Sem Terra podem ser vistos como mais um elo que se forma em uma longa tradição de lutadores sociais que fazem a história da humanidade. Enraizamento no passado e projeto de futuro.

A educação dos sem-terra do MST começa com o seu *enraizamento* em uma coletividade, que não nega o seu passado mas projeta um futuro que eles mesmos poderão ajudar a construir. Saber que não está mais *solta no mundo* é a primeira condição da pessoa se abrir para esta nova experiência de vida. Não é este o sentimento que diminui o medo numa ocupação, ou faz enfrentar a fome num acampamento? Por isso para nós o coletivo não é um detalhe, é a raiz de nossa pedagogia.

É, pois, do processo de formação dos Sem Terra que podemos extrair as *matrizes pedagógicas básicas* para construir uma escola preocupada com a formação humana e com o movimento da história. Mas é bom ter presente que a pedagogia que forma novos sujeitos sociais, e que educa seres humanos não cabe numa escola. Ela é muito maior e envolve a vida como um todo. Certos processos educativos que sustentam a identidade Sem Terra jamais poderão ser realizados dentro de uma escola. Mas o MST também vem demonstrando em sua trajetória, que a escola pode fazer parte de seu movimento pedagógico, e que precisa dela para dar conta de seus desafios como sujeito educativo.

A grande tarefa de educadoras e educadores Sem Terra que querem ajudar a construir escolas do MST, é se assumirem como sujeitos de uma reflexão permanente sobre as práticas do MST, extraindo delas as lições de pedagogia que permitem fazer (e transformar) em cada escola, e do seu jeito, o movimento pedagógico que está no processo de formação da identidade dos sujeitos Sem Terra, como está também na formação dos sujeitos humanos, de modo geral.

PEDAGOGIAS EM MOVIMENTO

Pedagogia quer dizer o jeito de conduzir a formação de um ser humano. E quando falamos em *matrizes pedagógicas* estamos identificando algumas práticas ou vivências fundamentais neste processo de *humanização das pessoas*, que também chamamos de educação.

No processo de humanização dos sem terra, e da construção da identidade *Sem Terra*, o MST vem produzindo um jeito de fazer educação que pode ser chamado de *Pedagogia do Movimento*. É do Movimento por ter o Sem Terra como sujeito educativo e ter o MST como sujeito da intencionalidade pedagógica sobre esta tarefa de fazer educação. E é também do Movimento porque se desafia a perceber o movimento do Movimento, a transformar-se transformando.

Isto não quer dizer que o MST tenha inventado uma nova pedagogia, mas ao tentar produzir uma educação do jeito do Movimento, os Sem Terra acabaram criando um novo jeito de lidar com as matrizes pedagógicas ou com as pedagogias construídas ao longo da história da humanidade. Em vez de assumir ou se 'filiar' a uma delas, o MST acaba pondo todas elas em *movimento*, e deixando que a própria situação educativa específica se encarregue de mostrar quais precisam ser mais enfatizadas, num momento ou outro.

Vamos aqui tratar brevemente sobre algumas delas, de modo que possam estimular nossa reflexão sobre como se relacionam com o processo de construção de nossa Escola de Educação Fundamental.

a) Pedagogia da luta social

Ela brota do aprendizado de que o que educa os Sem Terra é o próprio *movimento da luta*, em suas contradições, enfrentamentos, conquistas e derrotas. A pedagogia da luta educa para uma postura diante da vida que é fundamental para a identidade de um lutador do povo: *nada é impossível de mudar* e quanto mais *inconformada* com o atual estado de coisas mais humana é a pessoa. O normal, saudável, é estar em movimento, não parado. Os processos de transformação são os que fazem a história.

A luta social educa para a capacidade de pressionar as circunstâncias para que fiquem diferentes do que são. É a experiência de que quem conquista algo com luta não precisa ficar a vida toda agradecendo favor. Que em vez de anunciar a desordem provocada pela exclusão como a ordem estabelecida, e educar para a domesticação, é possível subverter a desordem e reinventar a ordem, a partir de valores verdadeira e radicalmente humanistas, que tenham a vida como um bem muito mais importante do que qualquer propriedade.

Numa Escola do MST, além de garantirmos que a experiência de luta dos educandos e de suas famílias seja incluída como conteúdo de estudo, precisamos nos desafiar a pensar em práticas que ajudem a educar ou a fortalecer em nossas crianças, adolescentes e jovens, a postura humana e os valores aprendidos na luta: o inconformismo, a sensibilidade, a indignação diante das injustiças, a contestação social, a criatividade diante das situações difíceis, a esperança...

b) Pedagogia da organização coletiva

Ela brota da raiz que nasce de uma coletividade que descobre um passado comum e se sente artífice do mesmo futuro. O sem-terra é um desenraizado que começa a criar raízes no tempo de acampamento, com a vivência da organização e a percepção da necessidade do movimento. Raízes que o tornam membro de uma grande família, de se sentir irmão ou irmã, de descobrir em si, como sujeito coletivo, a convicção de dizer com orgulho: somos Sem Terra, somos do MST.

No MST esta pedagogia tem também a dimensão de uma **pedagogia da cooperação**, que brota das diferentes formas de cooperação desenvolvidas nos assentamentos e acampamentos, a partir dos princípios e objetivos da nossa luta pela Reforma Agrária e por um novo jeito de fazer o desenvolvimento do campo. É o desafio permanente de quebrar, pelas novas relações de trabalho, pelo jeito de dividir as tarefas e pensar no bem estar do conjunto das famílias, e não de cada uma por si, a cultura individualista em que estamos mergulhados.

Uma escola que se organiza do jeito do MST, educa principalmente através das novas relações sociais, que produz e reproduz, problematizando e propondo valores, alterando comportamentos, desconstruindo e construindo concepções, costumes, idéias. Desta maneira ela ajuda a enraizar a identidade Sem Terra, e forma um determinado jeito de ser humano. E quando a escola funciona como uma cooperativa de aprendizagem, onde o coletivo assume a corresponsabilidade de educar o coletivo, torna-se um espaço de aprendizagem não apenas de formas de cooperação, mas principalmente de uma visão de mundo, ou de uma cultura, onde o 'natural' seja pensar no bem de todos e não apenas de si mesmo.

c) Pedagogia da terra

Ela brota da mistura do ser humano com a terra: ela é mãe, e se somos filhos e filhas da terra, nós também somos terra. Por isto precisamos aprender a sabedoria de trabalhar a terra, cuidar da vida: a vida da Terra (Gaia), nossa grande mãe; a nossa vida. A terra é ao mesmo tempo o lugar de morar, de trabalhar, de produzir, de viver, de morrer e cultuar os mortos, especialmente os que a regaram com o seu sangue para que ela retornasse aos que nela se reconhecem.

O trabalho na terra, que acompanha o dia a dia do processo que faz de uma semente uma planta e da planta um alimento, ensina de um jeito muito próprio que as coisas não nascem prontas mas sim que precisam ser cultivadas; são as mãos do camponês, da camponesa, as que podem lavrar a terra para que chegue a produzir o pão. Este também é um jeito de compreender que *o mundo está para ser feito* e que a realidade pode ser transformada, desde que se esteja aberto para que ela mesma diga a seus sujeitos como fazer isto, assim como a terra vai mostrando ao lavrador como precisa ser trabalhada para ser produtiva.

Nossa Escola pode ajudar a perceber a historicidade do cultivo da terra e da sociedade, o manuseio cuidadoso da terra - natureza - para garantir mais vida, a educação ambiental, o aprendizado da paciência de semear e colher no tempo certo, o exercício da persistência diante dos entraves das intempéries e dos que se julgam senhores do tempo. Mas não fará isso apenas com discurso; terá que se desafiar a envolver os educandos e as educadoras em atividades diretamente ligadas à terra.

d) Pedagogia do trabalho e da produção

Ela brota do valor fundamental do trabalho que gera a produção do que é necessário para garantir a qualidade de vida social e identifica o Sem Terra com a classe trabalhadora. As pessoas se humanizam ou se desumanizam, se educam ou se deseducam, através do trabalho e das relações sociais que estabelecem entre si no processo de produção material de sua existência. É talvez a dimensão da vida que mais profundamente marca o jeito de ser de cada pessoa. No MST, os Sem Terra se educam tentando construir um novo sentido para o trabalho do campo, novas relações de produção e de apropriação dos resultados do trabalho, o que já começa no acampamento, e continua depois em cada assentamento que vai sendo conquistado.

Pelo trabalho o educando produz conhecimento, cria habilidades e forma sua consciência. Em si mesmo o trabalho tem uma potencialidade pedagógica, e a escola pode torná-lo mais plenamente educativo, à medida que ajude as pessoas a perceber o seu vínculo com as demais dimensões da vida humana: sua cultura, seus valores, suas posições políticas....Por isto a nossa escola precisa se vincular ao mundo do trabalho e se desafiar a educar também para o trabalho e pelo trabalho.

e) Pedagogia da cultura

Ela brota do *modo de vida* produzido e cultivado pelo Movimento, do jeito de ser e de viver dos Sem Terra, do jeito de produzir e reproduzir a vida, da mística, dos símbolos, dos gestos, da religiosidade, da arte... É a necessidade da ação, com força e radicalidade distinta, que exige uma permanente reflexão que se encarna em nova ação coletiva, rompendo com a lógica tanto do ativismo, como de projetos sem ação.

A pedagogia da cultura tem como uma de suas dimensões fortes a *pedagogia do gesto*, que é também *pedagogia do símbolo* e *pedagogia do exemplo*. O ser humano se educa mexendo, manuseando as ferramentas que a humanidade produziu ao longo dos anos. Elas são portadoras da memória objetivada (as coisas falam, têm história). É a cultura material que *simboliza* a vida. O ser humano também se educa com as relações, com o diálogo que é mais do que troca de palavras. Ele aprende com o *exemplo*, aprende fazer e aprende a ser, olhando como os outros fazem e o jeito como os outros são. E os educandos olham especialmente para as educadoras, são sua referência como modo de vida.

Numa escola do MST é importante resgatar os símbolos, as ferramentas de trabalho e de luta, a mística do Movimento. E fazer do tempo de escola um tempo onde os educandos possam refletir muito sobre as várias dimensões da sua vida, de sua família, e também da grande família chamada Sem Terra. Fará isto não apenas através de conversa, mas principalmente através de práticas e de exemplos que permitam aos educandos olharem para si e para os outros. E as educadoras estarão junto com os educandos neste fazer, alimentando a capacidade de analisar as falhas o propor formas de superar os limites.

f) Pedagogia da escolha

Ela brota dos múltiplos gestos e múltiplas escolhas que as educadoras e os educandos, de que o MST, de que os seres humanos precisam fazer a cada dia. Somos um ser de escolhas permanentes e delas depende o rumo de nossa vida e do processo histórico que estamos inseridos. E as escolhas nem são apenas individuais nem podem ser apenas de um coletivo. Cada escolha é feita pela pessoa, movida por valores que são uma construção coletiva. Ser Sem Terra é uma escolha pessoal, pressionada por uma condição social objetiva e movida por valores que fazem esta pessoa não se conformar com a sua situação de miséria. E estar num movimento como o MST é estar permanentemente sendo chamado a confirmar as escolhas já feitas e a fazer novas escolhas. Um assentado pode escolher não ser mais do MST, por exemplo.

Dizemos que há uma pedagogia da escolha à medida que reconhecemos que as pessoas se educam, se humanizam mais quando exercitam a possibilidade de fazer escolhas e de refletir sobre elas. Ao ter que assumir a responsabilidade pelas próprias decisões as pessoas aprendem a dominar impulsos, influências, e aprendem também que a coerência entre os valores que se defende com palavras e os valores que efetivamente se vive, é um desafio sempre em construção.

A nossa escola pode ser de uma forma em que todos os seus sujeitos sejam estimulados ao exercício da escolha, nas pequenas e nas grandes coisas, de modo que assim aprendam a cultivar valores e a refletir sobre eles, o tempo todo.

g) Pedagogia da história

Ela brota do cultivo da memória e da compreensão do sentido da história e da percepção de ser parte dela, não apenas como resgate de significados, mas como algo a ser cultivado e produzido. A memória coletiva é fundamental para a construção de uma identidade.

Cultivar a memória é mais do que conhecer friamente o próprio passado. Por isto talvez exista no MST uma relação tão próxima entre memória e mística. Através da mística do Movimento os Sem Terra celebram a sua própria memória, de modo a torná-la uma experiência mais do que racional, porque entranhada em todo o seu ser humano. Fazer uma ação simbólica em memória de um companheiro que tenha tombado na luta, ou de uma ocupação que tenha dado início ao Movimento em algum lugar, é educar-se para sentir o passado como seu, e portanto como uma referência necessária às escolhas que tiver que fazer em sua vida, em sua luta; é também dar-se conta de que a memória é uma experiência coletiva: ninguém ou nada é lembrado em si mesmo, descolado das relações sociais interpessoais...

Uma escola que pretenda cultivar a pedagogia da história será aquela que deixe de ver a história apenas como uma disciplina e passe a trabalhá-la como uma dimensão importante de todo o processo educativo. Será sua tarefa o resgate permanente da memória do MST, da luta dos pequenos agricultores e da luta coletiva dos trabalhadores em nosso país e no mundo; também a tarefa de ajudar os Sem Terrinha a perceber nesta memória as suas raízes, e a se descobrir como sujeitos da história.

Mas, um detalhe importante: não tem como desenvolver esta pedagogia, sem conhecer e compreender a história e seu movimento.

h) Pedagogia da alternância

Ela brota do desejo de não cortar raízes. É uma das pedagogias produzidas em experiências de escola do campo que buscaram integrar a escola com a família e a comunidade do educando. No nosso caso, ela permite uma troca de conhecimentos e o fortalecimento dos laços familiares e do vínculo dos educandos com o assentamento ou acampamento, o MST e a terra.

Podemos pensar a escola atuando em regime de alternância ou pedagogia da alternância. Para isso podemos olhar e ou fazer a escola com dois momentos distintos e complementares:

> ■ o tempo escola, onde os educandos têm aulas teóricas e práticas, participam de inúmeros aprendizados, se auto-organizam para realizar tarefas que garantam o funcionamento da escola, avaliam

o processo e participam do planejamento das atividades, vivenciam e aprofundam valores, ...

■ tempo comunidade que é o momento onde os educadores realizam atividades de pesquisa de sua realidade, de registro desta experiência, de práticas que permitem a troca de conhecimento, nos vários aspectos. Este tempo precisa ser assumido e acompanhado pela comunidade Sem Terra.

A ESCOLA DO MST

A Escola do MST é uma Escola do *Campo*, vinculada a um *movimento de luta social* pela Reforma Agrária no Brasil. Ela é uma escola pública, com participação da comunidade na sua gestão e orientada pela Pedagogia do Movimento, que como vimos, é na verdade o movimento de diversas pedagogias.

A Escola do MST é aquela que se faz lugar do movimento destas pedagogias, desenvolvendo atividades pedagógicas que levem em conta o conjunto das dimensões da formação humana. É uma escola que humaniza quem dela faz parte. E só fará isto se tiver o ser humano como centro, como sujeito de direitos, como ser em construção, respeitando as suas temporalidades. A nossa tarefa é formar seres humanos que têm consciência de seus direitos humanos, de sua dignidade. Não podemos tratar os educandos como mercadorias a serem vendidas no mercado de trabalho. Isto é desumanizar, a eles e a nós todos.

Para realizar a tarefa educativa de humanização é preciso perceber e levar em conta os ciclos da natureza e, de forma especial, os ciclos da vida humana com os quais estamos convivendo e queremos ajudar a formar. Os educandos da nossa Escola são crianças, adolescentes e ou jovens (com sua temporalidade própria), são do campo (com saberes próprios) e são do MST (herdeiros da identidade Sem Terra em formação). Queremos que os educandos possam ser mais gente e não apenas sabedores de conteúdos ou meros dominadores de competências e habilidades técnicas. Eles precisam aprender a falar, a ler, a calcular, confrontar, dialogar, debater, duvidar, sentir, analisar, relacionar, celebrar, saber articular o pensamento próprio, o sentimento próprio,... e fazer tudo isto sintonizados com o projeto histórico do MST, que é um projeto de sociedade e de humanidade. Por isto em nossa Escola é vital que as Educadoras cultivem em si e ajudem a cultivar nos educandos a sensibilidade humana, os valores humanos.

MANIFESTO DAS EDUCADORAS E DOS EDUCADORES DA REFORMA AGRÁRIA AO POVO BRASILEIRO

No Brasil, chegamos a uma encruzilhada histórica. De um lado está o projeto neoliberal, que destrói a Nação e aumenta a exclusão social. De outro lado, há a possibilidade de uma rebeldia organizada e da construção de um novo projeto. Como parte da classe trabalhadora de nosso país, precisamos tomar uma posição. Por essa razão, nos manifestamos.

1. Somos educadoras e educadores de crianças, jovens e adultos de Acampamentos e Assentamentos de todo o Brasil, e colocamos o nosso trabalho a serviço da luta pela Reforma Agrária e das transformações sociais.

2. Manifestamos nossa profunda indignação diante da miséria e das injustiças que estão destruindo nosso país, e compartilhamos do sonho da construção de um novo projeto de desenvolvimento para o Brasil, um projeto do povo brasileiro.

3. Compreendemos que a educação sozinha não resolve os problemas do povo, mas é um elemento fundamental nos processos de transformação social.

4. Lutamos por justiça! Na educação isto significa garantir escola pública, gratuita e de qualidade para todos, desde a Educação Infantil até a Universidade.

5. Consideramos que acabar com o analfabetismo, além de um dever do Estado, é uma questão de honra. Por isso nos comprometemos com esse trabalho.

6. Exigimos, como trabalhadoras e trabalhadores da educação, respeito, valorização profissional e condições dignas de trabalho e de formação. Queremos o direito de pensar e participar das decisões sobre a política educacional.

7. Queremos uma escola que se deixe ocupar pelas questões de nosso tempo, que ajude no fortalecimento das lutas sociais e na solução dos problemas concretos de cada comunidade e do país.

8. Defendemos uma pedagogia que se preocupe com todas as dimensões da pessoa humana e que crie um ambiente educativo baseado na ação e na participação democrática, na dimensão educativa do trabalho, da cultura e da história de nosso povo.

9. Acreditamos numa escola que desperte os sonhos de nossa juventude, que cultive a solidariedade, a esperança, o desejo de aprender e ensinar sempre e de transformar o mundo.

10. Entendemos que para participar da construção desta nova escola, nós, educadoras e educadores, precisamos constituir coletivos pedagógicos com clareza política, competência técnica, valores humanistas e socialistas.

11. Lutamos por escolas públicas em todos os Acampamentos e Assentamentos de Reforma Agrária do país e defendemos que a gestão pedagógica destas escolas tenha a participação da comunidade Sem Terra e de sua organização.

12. Trabalhamos por uma identidade própria das escolas do meio rural, com um projeto político-pedagógico que fortaleça novas formas de desenvolvimento no campo, baseadas na justiça social, na coope-

ração agrícola, no respeito ao meio ambiente e na valorização da cultura camponesa.

13. Renovamos, diante de todos, nosso compromisso político e pedagógico com as causas do povo, em especial com a luta pela Reforma Agrária. Continuaremos mantendo viva a esperança e honrando nossa Pátria, nosso princípios, nosso sonho...

14. Conclamamos todas as pessoas e organizações que têm sonhos e projetos de mudança, para que juntos possamos fazer uma nova educação em nosso país, a educação da nova sociedade que já começamos a construir.

MST REFORMA AGRÁRIA: UMA LUTA DE TODOS

1º Encontro Nacional de Educadoras e Educadores da Reforma Agrária

Homenagem aos educadores Paulo Freire e Che Guevara

Brasília, 28 a 31 de julho de 1997

POR UMA EDUCAÇÃO DO CAMPO: DECLARAÇÃO 2002 E PROPOSTAS DE AÇÃO PARA O NOVO GOVERNO

Declaração 2002

Estamos reunidos neste Seminário Nacional para discutir sobre a Educação do Campo. Somos educadores e educadoras do campo, militantes de Movimentos Sociais do Campo, representantes de Universidades, de órgãos de governos municipais, estaduais e federal, de organizações não governamentais e de outras entidades comprometidas com a luta por políticas públicas e por uma identidade própria à educação e às escolas do campo. Trabalhamos para melhorar as condições de vida e de cidadania de milhões de brasileiros e brasileiras que vivem no campo.

Nossa caminhada enquanto articulação nacional **Por uma Educação do Campo** começou no processo de preparação da *Conferência Nacional por uma Educação Básica do Campo*, realizada em Luziânia, Goiás, de 27 a 31 de julho de 1998. A idéia da Conferência, por sua vez, surgiu durante o *I Encontro Nacional de Educadoras e Educadores da Reforma Agrária* (I ENERA) feito em julho de 1997. A

Conferência, promovida a nível nacional pelo MST, pela CNBB, UnB, UNESCO, e pelo UNICEF, foi preparada nos estados através de encontros que reuniram os principais sujeitos de práticas e de preocupações relacionadas à *educação do campo*.

Na Conferência reafirmamos que o campo existe e que é legítima a luta por políticas públicas específicas e por um projeto educativo próprio para quem vive nele:

> ■ No campo estão milhões de brasileiras e brasileiros, da infância até a terceira idade, que vivem e trabalham no campo como: pequenos agricultores, quilombolas, povos indígenas, pescadores, camponeses, assentados, reassentados, ribeirinhos, povos da floresta, caipiras, lavradores, roceiros, sem-terra, agregados, caboclos, meeiros, bóia-fria, entre outros.
>
> ■ A maioria das sedes dos pequenos municípios é rural, pois sua população vive direta e indiretamente da produção do campo.
>
> ■ Os povos do campo têm uma raiz cultural própria, um jeito de viver e de trabalhar, distinta do mundo urbano, e que inclui diferentes maneiras de ver e de se relacionar com o tempo, o espaço, o meio ambiente, bem como de viver e de organizar a família, a comunidade, o trabalho e a educação. Nos processos que produzem sua existência vão também se produzindo como seres humanos.

Na Conferência também denunciamos os graves problemas da educação no campo:

> ■ Faltam escolas para atender a todas as crianças e jovens.
>
> ■ Falta infra-estrutura nas escolas e ainda há muitos docentes sem a qualificação necessária.
>
> ■ Falta uma política de valorização do magistério.
>
> ■ Falta apoio às iniciativas de renovação pedagógica.

- Há currículos deslocados das necessidades e das questões do campo e dos interesses dos seus sujeitos.

- Os mais altos índices de analfabetismo estão no campo, e entre as mulheres do campo.

- A nova geração está sendo deseducada para viver no campo, perdendo sua identidade de raiz e seu projeto de futuro. Crianças e jovens têm o direito de aprender da sabedoria dos seus antepassados e de produzir novos conhecimentos para permanecer no campo.

O processo da Conferência Nacional mostrou a necessidade e a possibilidade de continuar o *movimento* iniciado. De lá para cá o trabalho prosseguiu em cada estado, através das ações dos diferentes sujeitos da articulação e através de encontros e de programas de formação de educadores e educadoras. Uma conquista que tivemos no âmbito das políticas públicas foi a recente aprovação das "Diretrizes Operacionais para a Educação Básica nas Escolas do Campo" (Parecer no 36/2001 e Resolução 1/2002 do Conselho Nacional de Educação).

Nós, que trabalhamos **Por uma Educação do Campo** temos dois grandes objetivos:

- Mobilizar o povo que vive no campo, com suas diferentes identidades, e suas organizações para conquista/construção de políticas públicas na área da educação e, prioritariamente, da escolarização em todos os níveis.

- Contribuir na reflexão político-pedagógica da *educação do campo*, partindo das práticas já existentes e projetando novas ações educativas que ajudem na formação dos sujeitos do campo.

Neste final de 2002, em que o povo brasileiro se prepara para participar de um novo momento da história de nosso país, queremos reafirmar nossas principais convicções e linhas de ação na construção de um projeto específico **Por uma Educação do Campo**, articulado a um Projeto Nacional de Educação:

1. O centro de nosso trabalho está no ser humano, nos processos de sua humanização mais plena. Precisamos nos assumir como trabalhadoras e trabalhadores da formação humana, e compreender que a educação e a escola do campo estão na esfera dos direitos humanos, direitos das pessoas e dos sujeitos sociais que vivem e trabalham no campo.

2. É necessário e possível se contrapor à lógica de que escola do campo é escola pobre, ignorada e marginalizada, numa realidade de milhões de camponeses analfabetos e de crianças e jovens condenados a um círculo vicioso: sair do campo para continuar a estudar, e estudar para sair do campo. Reafirmamos que é preciso estudar para viver no campo!

3. Vamos continuar lutando para garantir que todas as pessoas do campo tenham acesso à educação pública e de qualidade em seus diversos níveis, voltada aos interesses da vida no campo. Nisto está em questão o tipo de escola, o projeto educativo que ali se desenvolve, e o vínculo necessário desta educação com estratégias específicas de desenvolvimento humano e social do campo, e de seus sujeitos.

4. Queremos vincular este movimento por educação com o movimento mais amplo do povo brasileiro por um novo projeto de desenvolvimento para o Brasil e participar ativamente das transformações necessárias no atual modelo de agricultura que exclui e mata dia a dia a dignidade de milhares de famílias no campo.

5. Quando dizemos **Por uma Educação do Campo** estamos afirmando a necessidade de duas lutas combinadas: pela ampliação do direito à educação e à escolarização no campo; e pela construção de uma escola que esteja no campo, mas que também seja do campo: uma escola política e pedagogicamente vinculada à história, à cultura e às causas sociais e humanas dos sujeitos do campo, e não um mero apêndice da escola pensada na cidade; uma escola enraizada também na práxis da Educação Popular e da Pedagogia do Oprimido.

6. Temos uma preocupação prioritária com a escolarização da população do campo. Mas para nós, a educação compreende todos os processos sociais de formação das pessoas como sujeitos de seu próprio destino. Neste sentido educação tem relação com cultura, com valores, com jeito de produzir, com formação para o trabalho e para a participação social.

7. Continuaremos lutando pelo respeito, pela valorização profissional, e por melhores condições de trabalho e de formação para as educadoras e os educadores do campo, e conclamamos sua participação efetiva na definição da política educacional e na construção do projeto educativo do povo que vive no campo.

8. Defendemos um projeto de educação integral, preocupado também com as questões de gênero, de raça, de respeito às diferentes culturas e às diferentes gerações, de soberania alimentar, de uma agricultura e de um desenvolvimento sustentáveis, de uma política energética e de proteção ao meio ambiente.

9. O direito à educação somente será garantido no espaço público. Nossa luta é no campo das políticas

públicas e o Estado precisa ser pressionado para que se torne um espaço público. Os movimentos sociais devem ser o guardião desse direito e o Estado deve ouvir, respeitar e traduzir em políticas públicas as demandas do povo que vive no campo.

10. Reconhecemos a caminhada dos Movimentos Sociais do Campo, como expressão do povo organizado que faz e que pensa sobre a vida no e do campo. Das suas práticas de organização, de luta social e de educação podemos extrair muitas lições para a educação do campo. A primeira delas é que o povo que vive no campo tem que ser o sujeito de sua própria formação. Não se trata, pois, de uma educação ou uma luta para os, mas sim dos trabalhadores do campo e é assim que ela deve ser assumida por todos os membros deste movimento **Por uma Educação do Campo**.

11. Consideramos que há muitas transformações a serem feitas na educação em nosso país para que ela se realize como instrumento de participação democrática e de luta pela justiça social e pela emancipação humana. Nosso encontro se dá nas ações e não apenas em intenções. Queremos reeducar nossas práticas a partir do diálogo com as grandes questões de educação e de desenvolvimento social.

12. Reconhecemos os avanços da legislação educacional brasileira, em especial nos espaços abertos pela atual Lei de Diretrizes e Bases da Educação Nacional (9.394/1996), nas Diretrizes Nacionais para o funcionamento das escolas indígenas e agora, nas Diretrizes Operacionais para as Escolas do Campo. Comprometemo-nos em lutar pela implementação destas diretrizes, bem como em contribuir para seu aperfeiçoa-

mento. Trabalharemos pela inclusão destas diretrizes na construção dos planos municipais e estaduais de educação.

13. Queremos consolidar a articulação nacional **Por uma Educação do Campo** e acolher todas as pessoas e organizações dispostas a trabalhar por esta causa.

Educação do Campo, semente que se forma planta pelo nosso cultivar!

PROPOSTAS DE AÇÃO PARA O NOVO GOVERNO

1. Implementar um programa de formação para todos os educadores e educadoras do campo, de nível médio e superior, através de convênios / parcerias entre Secretarias, Universidades, Movimentos Sociais e Organizações do Campo.

a. Curso Normal de Nível Médio específico para Educadores e Educadoras do Campo.

b. Cursos de graduação de Pedagogia e outras licenciaturas, considerando a experiência das turmas de Pedagogia da Terra e de Pedagogia da Alternância.

c. Cursos de pós-graduação sobre educação do campo.

d. Cursos de formação de agentes de desenvolvimento do campo para atuação junto às comunidades, considerando as experiências desenvolvidas e novas demandas dos Movimentos Sociais.

2. Ampliar a Educação de Jovens e Adultos (EJA) do campo:

a. MOVA do Campo – Movimento de Alfabetização do Campo para todos. Preparar as jovens e os jovens do campo para serem os educadores.

b. Viabilizar a EJA nas Escolas de Educação Fundamental e Média.

c. Projetos alternativos de EJA: fundamental e médio.

d. Organização da oferta atendendo à realidade dos diferentes grupos humanos.

3. Garantir a Educação Infantil (zero a seis anos) e a Educação Fundamental nas comunidades do campo. Nos anos finais da Educação Fundamental e na Educação Média a oferta pode ser regional, mas no campo, garantindo o transporte.

4. Realizar a formação técnica (médio e superior) voltada às demandas de capacitação dos trabalhadores e das trabalhadoras do campo.

5. Implementar políticas públicas de valorização profissional das educadoras e dos educadores do campo.

6. Concurso público para a seleção de professores e professoras do campo.

7. Produzir e editar materiais didático-pedagógicos específicos para as Escolas do Campo, desde o olhar das diferentes identidades que existem no campo.

8. Construir e manter escolas no campo: de educação infantil, fundamental, média e profissional. Projetar as escolas como espaços comunitários.

9. Equipar as Escolas do campo com:

a. Bibliotecas abertas à comunidade.

b. Brinquedoteca.

c. Salas de leitura abertas à comunidade com periódicos atualizados à disposição.

d. Salas de informática para aprendizado de educandos, educadores e comunidade, utilizando um "software livre".

e. Internet e vídeo (filmes) a serviço da comunidade.

f. Materiais e equipamento de esporte e lazer.

10. Incentivar programas de pesquisa que contemplem o campo, os seus sujeitos, os Movimentos Sociais e a totalidade dos processos educativos.

11. Divulgar as "Diretrizes Operacionais para a Educação Básica nas Escolas do Campo", garantindo envio para todos os municípios e escolas do e no campo, e políticas de implementação em todos os níveis.

12. Criar no MEC uma Secretaria ou coordenação da Educação do Campo para fazer a interlocução com o povo que vive no campo e suas organizações. Criar nas Secretarias de Educação Estadual e Municipal uma coordenação com a mesma finalidade.

13. Realizar oficinas e seminários ou ciclos de estudo sobre Educação do Campo nos diferentes níveis (municipal, regional, estadual e nacional).

14. Valorizar as práticas inovadoras de Escolas do Campo.

15. Garantir a gestão democrática (administrativa, financeira e pedagógica) na Educação.

16. Garantir escolas agrotécnicas e técnicas orientadas por um projeto popular de desenvolvimento do campo.

17. Criar política de financiamento para a Educação

do Campo, em todos os níveis e modalidades, atendendo também a dimensão não escolar, conforme demandas de formação dos Movimentos Sociais do Campo e dos Povos Indígenas. Garantir o repasse diferenciado de recursos para as escolas do campo (50% a mais).

18. Definir de maneira mais precisa as responsabilidades das diferentes esferas do poder público em relação ao financiamento da educação do campo.

19. Garantir continuidade e ampliar o PRONERA – Programa Nacional de Educação na Reforma Agrária, incluindo os acampamentos, e na perspectiva de torná-lo uma política pública, com fundo específico.

Seminário Nacional por uma Educação do Campo

Políticas Públicas, Identidade Política e Pedagógica das Escolas do Campo
Brasília, 26 a 29 de novembro de 2002

CAPÍTULO 3

O DIREITO À EDUCAÇÃO

APRESENTAÇÃO

Em outubro de 1999, no contexto preparatório da Cúpula Mundial de Educação (Dakar/2000), um grupo de organizações da sociedade civil brasileira lançou a Campanha Nacional pelo Direito à Educação, com a missão de contribuir para a efetivação dos "direitos educacionais garantidos na Constituição, através de ampla mobilização social, de forma a que todos tenham acesso a uma escola pública de qualidade". A Campanha busca disseminar amplamente o conceito de educação enquanto direito social e tem como focos de ação o aumento do financiamento para a educação pública, a valorização do professorado e a ampliação dos processos participativos em educação. Todos esses focos se relacionam com o seu principal desafio: a qualidade da educação pública.

Representante latino-americana da Campanha Global pela Educação (GCE), a Campanha Nacional possui um comitê diretivo constituído por representantes da Ação Educativa, do Centro de Cultura Luiz Freire, da Confederação Nacional dos Trabalhadores em Educação (CNTE), da União Nacional dos Conselhos Municipais de Educação, da União Nacional dos Dirigentes Municipais de Educação (UNDIME), do Centro de Defesa da Criança e do Adolescente do Ceará (CEDECA-CE) e da Actionaid. Articula mais de cem organizações e possui comitês em dez estados do país. A coordenação da Campanha está sediada na organização não-governamental Ação Educativa, em São Paulo.

*Por meio de estratégias de mobilização, lobby/advocacy, comunicação e pesquisa, a Campanha Nacional pelo Direito à Educação se firmou ao longo dos seus três anos de existência como ator plural e legítimo no campo educacional brasileiro. Além de se constituir em instrumento político efetivo de influência nas políticas educacionais, a Campanha é atualmente um importante espaço de encontro e articulação dos inúmeros acúmulos e experiências de organizações e grupos da sociedade civil. O site **www.campanhaeducacao.org.br** reúne informações sobre as publicações, os projetos, as ações e as formas de se vincular a uma rede que busca fazer a diferença na educação brasileira.*

DENISE CARREIRA
(Campanha Nacional pelo Direito à Educação)

Fonte do presente capítulo:

• CAMPANHA NACIONAL PELO DIREITO À EDUCAÇÃO, texto elaborado a partir do site da Campanha (www.campanhaeducacao.org.br), agosto de 2003.

CAMPANHA NACIONAL PELO DIREITO À EDUCAÇÃO

A Campanha Nacional pelo Direito à Educação quer efetivar os direitos educacionais garantidos por lei, através de ampla mobilização social, para que todo cidadão brasileiro tenha acesso à uma escola pública de qualidade.

No Brasil, mais da metade das crianças de 4 a 6 anos estão fora da escola, assim como 1,3 milhões de crianças de 7 a 14 anos. Existem 15 milhões de jovens e adultos analfabetos e 33 milhões de jovens e adultos com menos de 4 anos de estudo sendo, portanto, analfabetos funcionais. A todas estas pessoas é negado o direito humano fundamental da educação.

Apesar de termos uma constituição avançada que afirma o direito à educação e de termos declarações internacionais que reafirmam este direito, o contingente de pessoas sem acesso à escola e sem acesso à qualidade de ensino é alarmante.

Não é possível pensarmos um país socialmente e economicamente desenvolvido e justo enquanto houver a exclusão de contingentes inteiros de crianças, jovens e adultos dos processos de aprendizagem e reflexão que a escola propicia.

É por isso que em Outubro de 1999, diversas organizações da sociedade civil lançaram a Campanha Nacional pelo Direito à Educação, a qual busca garantir o direito que toda cidadã e todo cidadão têm a uma educação pública de qualidade. Para que isto se torne realidade, a Campanha elegeu três temáticas prioritárias:

Financiamento: Em 2000, o Ministério da Educação gastou 13 bilhões de reais em educação. No mesmo ano, a União gastou 20 bilhões para pagamento da dívida externa e 69 bilhões para pagamento da dívida interna. É necessário e urgente que se invista mais recursos em educação, de forma mais criteriosa e transparente.

Profissionais da educação: Dados da OCDE/UNESCO de 2001 mostram que, de 47 países estudados, o Brasil está entre os que têm as piores proporções de professores por alunos no ensino básico. O mesmo estudo mostra também que o Brasil tem a terceira pior média salarial anual para professores em início de carreira. É fundamental resgatar a importância do professor e de outros profissionais da educação, com garantia de formação inicial e continuada, de melhores salários e de efetiva participação na elaboração das políticas educacionais.

Gestão democrática da educação: Em 2000, o Brasil firmou o Marco de Ação de Dakar, o qual estabelece a necessidade de haver fóruns que incluam a sociedade civil no debate e definição de políticas educacionais. No entanto, não há no Brasil uma comissão sequer, de composição pluralista, criada para definir política educacional, na esfera federal, na estadual e na quase totalidade dos municípios. Portanto, não há meios práticos para que a política educacional resulte do diálogo democrático entre sociedade civil e Estado.

A Campanha utiliza várias estratégias para mobilizar a população pela causa da escola pública de qualidade.

Veja as principais: articulação de instituições; pesquisa; mídia e advocacia.

PLANO NACIONAL DE EDUCAÇÃO

No final de 2000, o Congresso Nacional aprovou o Plano Nacional de Educação (PNE), depois de ter realizado várias audiências públicas para discutir o seu conteúdo. Apesar de sancionado no dia 9 de janeiro de 2001, teve nove vetos presidenciais, todos com a intenção de impedir a ampliação de recursos para a Educação.

O Plano Nacional de Educação estabelece diretrizes, objetivos e metas para todos os níveis e modalidades de ensino, para a formação e valorização do magistério e para o financiamento e a gestão da educação, para os próximos dez anos. O PNE orienta as ações do Poder Público nas três esferas da administração (União, Estados e Municípios) e é uma peça chave no direcionamento da política educacional do país. O PNE tem respaldo legal na Constituição de 1988 e na Lei de Diretrizes e Base da Educação, aprovada em 1996, a qual determinou a elaboração de um plano nacional de educação em sintonia com a Declaração Mundial de Educação para Todos, no prazo de um ano a partir da publicação daquela Lei.

A Campanha Nacional pelo Direito à Educação quer derrubar os vetos presidenciais ao Plano Nacional de Educação (PNE), principalmente aquele que impede o comprometimento do poder público de elevar o investimento em educação para um mínimo de 7% do PIB.

A Dívida da União no FUNDEF

A Emenda Constitucional 14, proposta pelo Executivo e aprovada pelo Congresso em dezembro de 1996, criou o FUNDEF (Fundo de Manutenção e Desenvolvimento do Ensino Fundamental e de Valorização do Magistério). Este é um mecanismo pelo qual cada um dos Estados da federação cria um Fundo, composto de 60% dos recursos estaduais e municipais vinculados à educação. As esferas estaduais e municipais de cada Estado resgatam o dinheiro de seu Fundo proporcionalmente ao número de matrículas registradas em suas respectivas redes de ensino fundamental regular, com base em um valor mínimo anual a ser investido por aluno.

O artigo 6o da Lei que regulamenta o FUNDEF estabelece o critério para calcular este valor mínimo anual e determina que o Presidente da República fixe este valor por decreto. A lei determina ainda que, naqueles Estados onde a arrecadação não assegure o repasse do valor mínimo a todos os seus alunos matriculados no ensino fundamental regular, a União entre com suplementação, zelando assim pelo princípio da equidade entre os estados e por um padrão mínimo de investimento nesta etapa educacional.

A fórmula para calcular o valor mínimo por aluno-ano (VM) é a seguinte: Valor Mínimo= Previsão da Receita Total do Fundo/ Número de alunos matriculados no ensino fundamental + estimativas de novos alunos nesta etapa educacional.

No entanto, esta fórmula tem sido sistematicamente desrespeitada pelo Presidente da República (Fernando Henrique Cardoso). Segundo Nota Técnica da Consultoria de Orçamento da Câmara dos Deputados, de 24 de

ANO	Valor Decreto Presidencial	Valor Legal	Complementação efetuada pela União	Complementação prevista em Lei	Calote
1998	R$ 315,00	R$ 418,77	R$ 486.656.300	R$ 1.971.322.800	R$ 1.484.666.500
1999	R$ 315,00	R$ 418,56	R$ 579.989.000	R$ 1.852.827.000	R$ 1.272.838.000
2000	R$ 333,00 e R$ 349,65	R$ 455,23 e R$ 478,00	R$ 485.455.000	R$ 1.988.498.900	R$ 1.503.043.900
2001	R$ 363,00 e R$ 381,15	R$ 522,13 e R$ 548,23	R$ 445.258.200	R$ 2.310.316.600	R$ 1.865.058.400
2002	R$ 418,00 e R$ 438,90	R$ 613,67 e R$ 644,35	R$ 871.868.800	R$ 3.665.728.700	R$ 2.793.859.900
-	-	-	R$ 2.869.227.300	R$ 11.788.694.000	R$ 8.919.466.700

abril de 2002, a União complementou cerca de 9 bilhões de reais A MENOS do que deveria entre 1998 e 2002.

O descumprimento da Lei é tão reconhecido que se fez necessário acrescentar a meta número 18 ao Capítulo de Financiamento do Plano Nacional de Educação aprovado em 2001, a qual afirma que a "União deverá calcular o valor mínimo por aluno-ano, para efeito de complementação aos fundos de âmbito estadual do FUNDEF, rigorosamente de acordo com o estabelecido na lei 9.424/96". A meta afirma ainda que isto deverá ser feito "em prazo imediato".

Em 2002, as vítimas são as cerca de 20 milhões de crianças de 7 a 14 anos e 1 milhão de professores dos 14 Estados que deveriam receber a suplementação da União prevista em Lei: Piauí, Rio Grande do Norte, Paraíba, Pernambuco, Alagoas, Sergipe, Minas Gerais, Goiás, Mato Grosso do Sul, Amazonas, Pará, Maranhão, Ceará e Bahia. As crianças que não têm acesso à escola, ou que deixam a escola por falta de qualidade, engrossam o contingente de exclusão social de nosso país. Investir mais ou menos em educação definirá tanto o presente da população brasileira quanto o rumo da nação daqui a vinte, trinta anos.

CAPÍTULO 4

GOVERNO LOCAL E EDUCAÇÃO

APRESENTAÇÃO

O manifesto que apresentamos a seguir foi redigido pela União Nacional dos Dirigentes Municipais de Educação (UNDIME), em agosto de 2002, dirigido à sociedade brasileira e especialmente, aos candidatos que disputavam a presidência da República nas eleições de outubro daquele ano.

A UNDIME, entidade nacional que representa os secretários e secretárias de educação dos mais de cinco mil municípios brasileiros, foi fundada em outubro de 1986. Na ocasião deste manifesto, estava sendo presidida pelo Secretário de Educação da Cidade de Itabuna, Bahia, professor Adeum Hilário Sauer, do Partido dos Trabalhadores.

O presente documento pretendeu contribuir para a ampliação do debate sobre as políticas de educação básica no Brasil. As críticas e as propostas, aqui apresentadas, vêm sendo motivo de boa parte dos conflitos no campo educacional, especialmente desde a Constituição Federal de 1988, que delegou aos municípios a responsabilidade do ensino fundamental no País.

Neste documento, as demandas apontadas são: a necessidade de uma reforma tributária, aumentando o percentual dos recursos fiscais que cabe aos municípios; a ampliação do FUNDEF, destinando parte deste fundo não apenas ao ensino fundamental senão, principalmente, ao ensino básico, mediante a criação do FUNDEB; o aumento percentual do investimento da União em educação; o repasse do salário-educação diretamente aos municípios, de acordo com o número de alunos matriculados na rede de ensino e a municipalização gradual do ensino fundamental, já que os Estados ainda possuem uma grande estrutura física e profissional neste nível de ensino, difícil de ser absorvida pelos governos locais no curto prazo.

O presente manifesto da UNDIME busca aguçar e estimular o necessário debate sobre a democratização do acesso e da permanência efetiva na educação básica de todos os brasileiros. Ele chama a atenção dos governos e dos candidatos à Presidência para que promovam a participação ativa dos secretários municipais de educação na construção de uma política educacional democrática, já que estes estão mais próximos da realidade e demandas da população.

FÁTIMA LOBATO (LPP / UERJ)

Fonte do presente capítulo:

• A EDUCAÇÃO MUNICIPAL APRESENTA SUAS PROPOSTAS PARA UMA EDUCAÇÃO DE QUALIDADE,
União Nacional dos Dirigentes Municipais de Educação – Undime, São Paulo, 22 de agosto de 2002.

A EDUCAÇÃO MUNICIPAL APRESENTA SUAS PROPOSTAS PARA UMA EDUCAÇÃO DE QUALIDADE

Os Dirigentes Municipais de Educação de todo o Brasil, por intermédio de sua entidade, a União Nacional dos Dirigentes Municipais de Educação - Undime manifestam, à sociedade brasileira e aos candidatos à Presidência da República, sua enorme preocupação quanto à crise educacional brasileira, que persiste nesse início de milênio.

A crescente responsabilidade dos municípios no que se refere à educação infantil e ao ensino fundamental, o que obriga esse ente da federação a gerenciar a maioria das matrículas no país, não foi acompanhada de uma consistente reforma tributária. Os recursos oriundos de impostos e, principalmente das contribuições sociais continuam concentrados nas mãos da União, a qual hoje possui apenas caráter supletivo em relação à educação básica.

É inadiável um esforço da União, dos Estados e dos Municípios para superar as políticas de competição, entre si, destinando um maior investimento financeiro, para alcançar de fato a qualidade da educação básica pública.

É necessário um rearranjo institucional que observe e respeite o princípio democrático no processo de tomada de decisões das grandes diretrizes da política nacional, especialmente a do financiamento. Tal arranjo requer participação tripartite de gestores dos entes da federação.

Na ausência desse processo, os municípios têm assistido à implantação de políticas verticalizadas, que desconsideram o saber prévio, as peculiaridades locais, que tratam o Dirigente Municipal como mero executor, quando seu papel é elaborar e propor, com a autoridade de quem conhece os problemas no chão do município, onde vive o aluno brasileiro.

A Undime não aceita, também, que a educação brasileira e o futuro de nosso país fiquem eternamente condicionados a acordos com as agências de financiamento internacionais. Não é possível continuar utilizando recursos que deveriam ser destinados à educação, para pagar a dívida externa e seus serviços.

Cinco anos de Fundef mostraram seus limites e aprofundaram seus efeitos colaterais anteriormente denunciados por nossa entidade, dentre eles, a retenção do crescimento da educação infantil é o mais angustiante, principalmente porque o Fundef acelerou o processo de municipalização já existente, apressando, com isso, a retirada dos Estados dessa faixa de ensino em que sua presença ainda era sentida.

Inúmeras vozes se levantam hoje no Brasil para que seja revisto o Fundef, para que seja definida uma fonte de financiamento clara para toda a educação básica e para que seja revisto o papel da União, a qual não pode continuar a receber a maior parte dos recursos públicos e, ao mesmo tempo, isentar-se de ter um papel importante no financiamento - e não na suplementação deste financiamento! - da educação básica do país. Em 2002, a participação do governo federal no Fundef será de menos de dois por cento.

Continuamos longe de um desfecho favorável, em relação à materialização do Regime de Colaboração entre Estados e municípios.

É preciso, também, rever a lei que delegou, às Assembléias Legislativas, o papel de definir a repartição da quota do salário-educação, assim como é necessário tornar lei as regras de relacionamento entre tais entes da federação, estabelecendo obrigações proporcionais à sua capacidade de arrecadação. Não aceitamos mais a existência de regime de imposição!

Os Dirigentes Municipais de Educação trabalham bem perto dos cidadãos excluídos dos benefícios do progresso de nossa nação e, no cotidiano, sentem o quanto a ausência do pacto pela ética contamina os valores das novas gerações e o quanto a drenagem de recursos públicos para bolsos privados aumenta o abismo social, a desigualdade e a dívida de nossos governos para com o nosso valoroso povo.

O Plano Nacional de Educação é pauta obrigatória em 2002 com a construção dos Planos Estaduais e Municipais, concomitantemente à derrubada dos vetos do governo federal ao texto extraído do consenso do Congresso Nacional.

No Plano Municipal de Educação, a educação de jovens e adultos deve ser tratada como uma dívida social que nos cabe pagar hoje, sem mais demora, sem mais hesitações. As pessoas nascem com direitos, ainda que não possam pagar por eles. Os que não tiveram acesso à educação na idade adequada têm, ainda e sempre, direito a essa educação.

Outro compromisso fundamental: a educação infantil vista, atualmente, numa concepção ampla, que envolve o cuidar e o educar, nas diversas dimensões humanas - sociais, cognitivas, afetivas e físicas - como fator de desenvolvimento e de formação para o exercício pleno da cidadania. A educação infantil, que tem uma especificidade própria, não deve mais ser tratada como subordinada à escolarização do ensino fundamental, concepção equivocada, ainda hoje, predominante.

É imprescindível a adoção de uma política que inclua o necessário financiamento e considere, de fato, a **criança como sujeito de direitos**, para reverter a grave situação em que vivemos. "É preciso desmitificar a idéia da criança como cidadã do futuro. A criança é no hoje, no aqui e no agora, cidadã plena de direitos".

O acesso universal à educação básica passa pela atenção aos 32 milhões de brasileiros do campo, aos indígenas que lutam pela inclusão com autonomia, aos milhões de deficientes e aos que dependem do transporte e alimentação escolar, que não podem ficar apenas sob o encargo do ente mais frágil da federação e reclamam o regime de colaboração.

No item alimentação escolar, uma imposição ética se coloca exigindo a revisão imediata dos valores diários de R$ 0,06 per capita para a merenda dos alunos da educação infantil e de R$ 0,13 para os alunos do ensino fundamental, desde 1995.

Os Dirigentes Municipais de Educação consideram fundamental superar a sistemática desobediência pelo governo federal às normas legais para a definição do valor mínimo do Fundef e conclamam todos a discutir a instituição de um Fundo Nacional de Educação Básica – Fundeb, com a alocação de novos recursos.

As considerações e as propostas que a Undime ora entrega aos candidatos à Presidência da República do Brasil visam construir um novo perfil para a educação brasileira: o perfil da qualidade e da inclusão de todos quantos necessitem da escola pública. A Undime assume um papel decisivo no próximo período, aumentando, assim, sua responsabilidade como interlocutora dos Dirigentes Municipais de Educação. **Por isso, a Undime torna públicos os seguintes desafios, posicionamentos e reivindicações:**

- que se promova uma rediscussão dos mecanismos de financiamento da educação no Brasil, garantindo fontes claras de financiamento da educação infantil, ensino fundamental, ensino médio, educação de jovens e adultos, educação indígena e educação especial, revendo-se, principalmente, o papel supletivo da União;

- consideramos inadmissível que o governo federal continue desrespeitando a legislação no que diz respeito à definição do valor mínimo anual por aluno do Fundef. Por isso, somos favoráveis a que se promova sua revisão imediata, com a conseqüente elevação da participação da União nos recursos do Fundef;

- que o custo–aluno de cada Fundef estadual seja atualizado pelos resultados do censo escolar do ano em curso;

- mantemos nossa disposição no sentido de que o Congresso Nacional rejeite, o mais rapidamente possível, os vetos opostos à Lei que originou o Fundef, inclusive o de que o percentual do salário-educação devido aos municípios seja repassado diretamente às contas de cada município, de acordo com o número de alunos matriculados;

- que os Estados paguem, efetivamente, pelos alunos que são transportados pelos municípios, estabelecendo-se formas ágeis de viabilizar tal decisão, além do que seja estabelecida, via FNDE, como prioridades, linha de financiamento, visando aquisição de transporte escolar para os municípios e contribuição direta do Mec para o custeio parcial de cada aluno transportado;

- que seja reajustado, imediatamente, o valor per capita da merenda escolar, congelado em ínfimos R$ 0,06 e R$ 0,13 desde 1995;

- que o Congresso Nacional rejeite, o mais rápido possível, os vetos presidenciais opostos ao novo Plano Nacional de Educação;

- que em cada Estado e em cada município, sejam elaborados planos de educação, como forma de tornar transparentes as metas educacionais, superando discursos e passando à materialização de compromissos assumidos;

- que aos professores e aos demais profissionais da educação sejam oferecidas oportunidades permanentes de formação inicial e continuada, de iniciativa do Mec e dos Estados;

- queremos ser ouvidos no estabelecimento das formas de distribuição dos recursos do FNDE. Por isso insistimos na integração de representante da Undime ao Conselho Deliberativo daquele órgão, conforme decisão já anunciada pelo Ministro da Educação, Paulo Renato e ainda não concretizada.

- que a União e os Estados se articulem na oferta de educação superior e profissional para todos os municípios, na perspectiva de superar o desemprego e sustentar o desenvolvimento econômico e social;

Em consonância com seu ideário, a Undime torna pública, novamente, para a sociedade brasileira, sua contribuição no exercício ético da administração da educação, no exercício ético do magistério, no estabelecimento de relações éticas no interior dos órgãos que dirigimos e das escolas sob nossa orientação, nesse momento em que afloram tantas denúncias sobre a conduta de autoridades, que deviam dar exemplo de probidade à jovem nação brasileira. Esse é o nosso exemplo para o exercício ético da política.

Por fim, para nós, da Undime, respeitar a autonomia municipal é garantir que os programas nacionais não imponham prioridades para as nossas escolas sem que os municípios e as próprias escolas tenham autonomia para deliberar o que efetivamente é essencial para o seu desenvolvimento, sempre garantindo um sentido de continuidade daqueles programas.

Assim, propomos que sejam constituídos fóruns estaduais, com a participação, no mínimo, do Estado e dos municípios, com o objetivo de debater e de definir o encaminhamento de projetos e programas do governo federal, destinados a cada um dos entes federados.

São Paulo, 22 de agosto de 2002.

ADEUM HILÁRIO SAUER

Presidente Nacional da
União Nacional dos Dirigentes
Municipais de Educação - Undime

CAPÍTULO 5

DESAFIOS À EDUCAÇÃO DE JOVENS E ADULTOS

APRESENTAÇÃO

Os três documentos aqui apresentados (Relatório-síntese do IV Encontro Nacional de Educação de Jovens e Adultos, agosto de 2002; Manifesto ao Presidente Eleito, Luiz Inácio Lula da Silva, dezembro de 2002; e a Carta do 3° Encontro de MOVAs, agosto de 2003) revelam uma crescente e necessária articulação dos sujeitos que hoje pensam, fazem e lutam por uma democratização da educação de jovens e adultos no Brasil. Eles revelam a importância do legado de Paulo Freire e das práticas inovadoras desenvolvidas neste campo por vários grupos e organizações que, e em diferentes espaços e há muito tempo, vêm discutindo e propondo políticas públicas de educação que resgatem a dívida histórica que o Brasil tem com milhões de pessoas excluídas das instituições educacionais. Revelam ainda, o importante papel desempenhado pelos Fóruns Estaduais de EJA que, desde 1996, começaram a se organizar, agregando administrações públicas, universidades, organizações não governamentais (ONGs), sindicatos, o chamado "Sistema S", Conselhos de Educação e educadores populares de todo o País.

No bojo do espírito de consolidação das redes de EJA, inicia-se, em 1999, a organização dos Encontros Nacionais de Educação de Jovens e Adultos - ENEJAs, com o apoio governamental e de várias outras instituições, promovendo a articulação nacional dos vários fóruns estaduais.

Os documentos incluídos neste capítulo destacam também a atuação do Movimento de Alfabetização de Jovens e Adultos (MOVA), que a partir da experiência de Paulo Freire na cidade de São Paulo (1989-1992), irá se ampliar para o conjunto das administrações populares, tanto no âmbito municipal quanto no estadual. Os MOVAs, desde 1991, promoverão sua própria rede nacional, o MOVA-BRASIL, reafirmando o caráter inovador deste movimento com relação às campanhas de alfabetização já realizadas no País, mediante o desenvolvimento de um processo alfabetizador comprometido com a transformação social, com a consolidação da democracia e da cidadania, bem como com o compromisso com a continuidade da escolarização.

Os documentos, apesar das suas especificidades, convergem em várias questões. Reafirmam os compromissos firmados nas conferências internacionais de Jontien (1990), Hamburgo (1997), Dakar (2000) e no Parecer 11/200 do Conselho Nacional de Educação. Destacam também o imperativo político democrático vinculado ao cumprimento do preceito constitucional que garante a educação como direito de todos e a necessidade de se incluir a EJA nos mecanismos de financiamento da educação básica.

Os textos que compõem este capítulo apresentam ainda várias propostas concretas ao novo governo constitucional:

- assumir, através do Ministério da Educação, o papel articulador de uma política pública de EJA;

- reconstruir e ativar a Comissão Nacional de EJA;

- realizar diagnóstico e avaliação das ações em EJA existentes no âmbito do Governo Federal;

- reconhecer e legitimar o trabalho que vem sendo desenvolvido pelas redes de organizações da sociedade civil, pelos MOVAs e pelos Fóruns Estaduais de EJA;

- garantir a formação continuada de professores;

- articular as ações em EJA no âmbito dos vários ministérios do governo;

- propor inovações curriculares que contemplem relações com o mundo do trabalho;

• *rever a proposta de avaliação materializada no Exame Nacional de Certificação de Competências da Educação de Jovens e Adultos (ENCCEJA);*

• *cumprir as metas para a EJA previstas no Plano Nacional de Educação – PNE.*

SANDRA SALES (LPP/UERJ)

Fontes do presente capítulo:

• RELATÓRIO-SÍNTESE DO IV ENEJA,
Encontro Nacional de Educação de Jovens e Adultos, 21 a 24 de agosto de 2002.

• MANIFESTO AO PRESIDENTE ELEITO LUIZ INÁCIO LULA DA SILVA, Educadores e Educadoras Populares Associados à Rede de Apoio à Ação Alfabetizadora do Brasil (RAAAB), Participantes dos Fóruns Estaduais de Educação de Jovens e Adultos e Membros da Coordenação Nacional dos Movimentos de Alfabetização (Movas),
12 e 13 de Dezembro de 2002.

• CARTA AO MINISTRO DA EDUCAÇÃO CRISTOVAM BUARQUE, 3° Encontro Nacional de MOVAs,
Goiânia, 12 de agosto de 2003.

RELATÓRIO-SÍNTESE DO IV ENCONTRO NACIONAL DE EDUCAÇÃO DE JOVENS E ADULTOS

Esta síntese preliminar do relatório do IV ENEJA está assim estruturada: inicialmente trata do contexto em que o Encontro se realizou, abordando, em seguida, as questões relacionadas à educação de jovens e adultos: diretrizes e bases; conceitos e práticas; articulação dos fóruns estaduais e regionais e seus respectivos segmentos; perspectivas e proposições e deliberações da plenária e encaminhamentos para o V ENEJA.

1. Contexto

O IV ENEJA se realiza numa conjuntura nacional e internacional delicada, de mudanças e incertezas que estão e continuarão tendo fortes reflexos na Educação de Jovens e Adultos (EJA). O término da Guerra Fria introduziu uma ordem política e econômica internacional unipolar, cujas conseqüências – profundamente influenciadas pelos eventos e seqüelas de 11 de setembro – ainda estão por ser plenamente entendidas e avaliadas. Neste processo, a América Latina, especialmente Argentina, Uruguai e Brasil, se tornaram alvos da especulação e ataque por parte dos mercados financeiros e cambiais.

Na perspectiva educacional, encontramo-nos há cinco anos da última Conferência Internacional de Educação de Adultos (V CONFINTEA, Hamburgo, 1997) com a impressão de que o processo de monitoramento e avaliação dos compromissos assumidos deixou de existir. Os resultados de Dakar (2000) também sugerem uma falta de compromisso dos governos nacionais. A ONU propõe uma nova Década de Alfabetização, mas, ao mesmo tempo, a Organização Mundial do Comércio (OMC) coloca em pauta a inclusão do ensino superior, da educação a distância e da educação para adultos como serviços a serem negociados e vendidos, e regulados pela Agência Geral sobre o Comércio de Serviços (GATS).

No plano nacional, estamos a poucas semanas de eleições presidenciais e em meio a uma crise econômica anteriormente anunciada pelos analistas de plantão. Após a aprovação do Plano Nacional de Educação (PNE), os estados e municípios estão elaborando os próprios planos educacionais, com base em processos diferenciados de participação. A responsabilidade pela EJA continua envolvendo negociações complexas no regime de colaboração com uma crescente ênfase em parcerias entre governos e sociedade civil. Não há dúvida de que os ENEJA's são uma expressão desta estratégia de parceria, com capacidade de articular e mobilizar, e representam também a força de um novo ator social coletivo.

Dando continuidade ao III ENEJA, realizado em São Paulo, em setembro de 2001, que teve como eixo a discussão do "Plano Nacional de Educação: a quem cabe cumprir?", o IV ENEJA se propõe a aprofundar a EJA em "Cenários em mudança", destacando as seguintes questões específicas: a década da alfabetização, a construção de diretrizes e bases, a articulação dos fóruns estaduais e regionais de EJA e a inserção da EJA nos planos estaduais e municipais de educação e no debate eleitoral.

2. Diretrizes e bases para a EJA

A EJA tem tido avanços, principalmente no que diz respeito ao reconhecimento do direito de jovens e adultos à educação, e o dever do Estado em oferecer educação para essa população, não escolarizada.

Também o reconhecimento de que o campo de atuação da EJA tanto incorpora as perspectivas da educação popular — que há 40 anos lida com a questão dos direitos ao trabalho, à moradia, ao transporte, ao emprego etc., desenvolvidos nas lutas sociais; quanto incorpora as perspectivas da educação escolar, ambas consagradas na V Conferência Internacional de Educação de Adultos – CONFINTEA, alargando o conceito e exigindo a compreensão das responsabilidades que sobre essas duas perspectivas se colocam.

As aprendizagens, a partir das lutas da educação popular, em muito auxiliaram a ampliação do conceito, assim como produziram mudanças na educação escolar, constituindo a identidade da educação de jovens e adultos. A contribuição de Paulo Freire, do mesmo modo, é inequívoca para se pensar a constituição desse campo.

O momento atual apresenta um cenário propício para transformar a EJA, para além das proposições já efetivadas que representam ganhos no campo dos direitos, mesmo cenário este que tensiona as formas como os poderes vêm promovendo aligeiradamente mudanças, pelo centro, sem o concurso dos educadores nem das iniciativas locais, comprometendo os resultados dos fazeres pedagógicos.

As diretrizes que devem sustentar a EJA, nesse cenário de mudanças, deve considerar, no âmbito do poder público, cuja responsabilidade constitucional refere-se à escolarização em nível de ensino fundamental, o princípio básico do direito de todos, igualmente constituído, para fazer frente ao dever do Estado com a oferta desse nível de ensino.

Os dados da educação, e especialmente os que se referem aos segmentos etários da faixa de mais de 15 anos, público da EJA, tanto recolhidos pelos Censos Educacionais, quanto pelo IBGE, demonstram os frágeis avanços no atendimento, embora deixem ver as diferenças geracionais, de gênero, de etnia, entre campo e cidade, de portadores de necessidades especiais, precisando ser analisados segundo as diversidades que, mesmo em estados onde a situação média não é tão gritante, continuam ressaltando as inúmeras desigualdades, tanto produzidas socialmente, como reforçadas pelas políticas que estabelecem prioridades para alguns grupos de população.

Os dados educacionais brasileiros revelam, para educadores comprometidos, a necessidade de estarem em alerta: o ensino fundamental completo, como direito, deixa de fora 40 milhões de pessoas de 15 a 39 anos, assim como o contingente de alunos excluídos na escola já se inicia aos 8 anos de idade, aumentando gradativamente até atingir a faixa de 14 a 17 anos, potenciais alunos futuros da EJA.

Por fim, neste cenário, mantém-se, com leve decréscimo, um amplo contingente populacional de não alfabetizados, que pensados em dados absolutos representam a negação do direito a 16 milhões de pessoas, afastadas do saber ler e escrever, fundamentais em sociedades grafocêntricas.

São as seguintes as principais diretrizes identificadas para a EJA neste cenário de mudanças:

- Institucionalização da EJA, com vistas a assegurar o direito de todos à educação, sem perder de vista a história e as lutas dos brasileiros na educação popular e na EJA;
- Ressignificação do campo da educação de jovens e adultos, tendo em vista os contextos e a realidade contemporânea, exigente de novos sentidos para a aprendizagem e para o conhecimento permanente;
- Financiamento adequado à EJA, tendo em vista suas especificidades e seu público;
- A certificação na EJA deve estar associada intrinsecamente à aprendizagem, sem que uma se sobreponha à outra;
- Diversidade em contraposição à uniformidade, o que não deve significar desarticulação/superposição e isolamento de programas, com rupturas entre os segmentos do ensino fundamental.

A ressignificação da EJA, tendo em vista essas características, demarca que ela se refere não a todos os adultos, mas a adultos marginalizados, assim como deve ser realizada em espaços — casas de cultura, comunitárias, sindicatos etc. — e em tempos distintos, adequados às particularidades desses adultos.

- Formação inicial e continuada de professores de jovens e adultos, realizando concursos públicos específicos para professores com qualificação na área.

Ressalte-se o significado das condições salariais precarizadas e a própria posição social marginalizada dos educadores de jovens e adultos, cuja formação vem sendo, por vezes, feita à parte da formação dos demais educadores;

- Propostas curriculares que contemplem o estabelecimento de relações com o mundo do trabalho, com os saberes produzidos nas práticas sociais e cotidianas, e o envolvimento de todos com esse mundo e seus saberes formais, seja como trabalhadores, como empregados ou como desempregados;

- Articulações intersetoriais, de modo a estabelecer relações entre diversos projetos educativos que envolvem jovens e adultos, destacando-se o papel dos Fóruns de EJA nesse sentido.

3. Questões conceituais e práticas da EJA

Quanto mais se acentua a crise econômica e social, mais a EJA assume relevância política. A dramaticidade da vida dos sujeitos incita a luta pelos direitos. É neste sentido que o trabalho de Paulo Freire toma as proporções que têm repercussão até hoje no mundo inteiro.

A EJA deve considerar o diálogo pedagógico que Paulo Freire propõe e desenvolve, indo além de uma perspectiva pedagógica que possibilita uma reflexão dos oprimidos sobre a sua própria desumanização e, ao mesmo tempo, constrói o seu processo de recuperação da humanidade roubada. Tem-se um novo olhar sobre esses sujeitos. A preocupação não é apenas com a trajetória escolar, mas principalmente com as trajetórias pessoais e humanas, como homens, mulheres, indígenas, negros e negras, do trabalho, da construção social.

A educação de jovens e adultos ocorre num cenário de desafios que exigem uma concepção de educação para além da escolarização formal. Ela exige novas fronteiras, pede uma educação baseada na construção do conhecimento, que aponte para a resolução de problemas, para a auto-aprendizagem, que insista na reflexão permanente sobre a prática. Uma educação para a vida, porta para a educação permanente.

Assim, a ressignificação da EJA no espaço público implica na transformação de práticas e do conjunto do sistema educativo. Neste sentido, algumas experiências significativas já vêm sendo ensaiadas e poderão trazer pistas para essa ressignificação. São práticas que se desenvolvem em torno de eixos tais como: alfabetização e elevação da escolaridade, formação de educadores, educação e trabalho, educação no campo e institucionalização da EJA nas políticas públicas.

Os relatos das experiências de alfabetização e elevação da escolaridade apontam para a construção de propostas fundadas nas orientações filosóficas da pedagogia libertadora de base freireana, intentam a diminuição do analfabetismo e a garantia da continuidade dos estudos e apontam para a intervenção do poder público no estado da exclusão social dos alunos através do acesso à escolarização e escolaridade.

No campo da formação de educadores as experiências buscam munir educadores de jovens e adultos de instrumentos teórico-metodológicos, tornando-os intelectuais reflexivos que considerem suas experiências existenciais e profissionais, visam a ampliação do universo cultural, o engajamento do docente em processos de participação e o desenvolvimento de uma consciência holística.

As experiências de EJA e trabalho e as de EJA no campo, tratam de escolarização, organização e politização dos diferentes segmentos de EJA, formação profissional e formação de educadores. Pautam-se no pensamento de Paulo Freire, respeitando a história, os desejos e sonhos dos sujeitos, considerando as questões de gênero e geração, a diversidade sociocultural e regional das organizações envolvidas. Associam Educação de Jovens e Adultos à formação profissional, atendendo a demandas específicas dos trabalhadores, incluindo a necessidade de inserção no mercado de trabalho.

Os esforços da institucionalização da EJA nas políticas públicas tendem a romper com a negatividade no campo da EJA, com a estrutura fechada de grades curriculares, ressaltam o compromisso do educador com a sua prática, valorizam o trabalho pedagógico, e preocupam-se em abrir espaço para fora da escola.

4. A ARTICULAÇÃO DOS FÓRUNS ESTADUAIS E REGIONAIS DE EJA E SEUS RESPECTIVOS SEGMENTOS

Participaram do Encontro 14 fóruns estaduais (RJ, MG, SP, AL, PB, GO, PR, RS, RN, MT, TO, ES, SC, BA), 02 fóruns em processo de formação (CE, PE) e 3 regionais (Divinópolis, Leste de Minas e Nordeste Paulista), demonstrando uma grande diversidade de estruturas, de abrangência e de formas de articular. Os fóruns aqui apresentados compunham-se dos seguintes segmentos: administração pública, sistema 'S', Universidade, movimentos populares e ONGs, e professores e alunos.

O grande número de pessoas presentes na reunião do segmento Instituições públicas reflete a predominância dos sistemas estaduais e municipais na oferta de práticas escolares de EJA, destacando-se os MOVAs, o supletivo presencial e não presencial, ensino fundamental noturno e os exames de ensino fundamental e médio. As discussões se centraram em torno de quatro eixos: formação de professores; institucionalização da EJA; financiamento para EJA; e relação Educação de Jovens e Adultos/mundo do trabalho.

A articulação de entidades integrantes do Sistema S com representantes do SESI (nacional e regionais), SENAC e do SESC nacional, reunidos neste segmento registrou, inicialmente, alguns resultados observados na área, dentre eles o fortalecimento da EJA; maior capacidade de articulação com parceiros; presença e contribuição junto aos CEEs; abertura de novos espaços para formação continuada; permanente troca de experiências, garantindo lugar de referência na área. Em seguida, foram assumidos os seguintes compromissos como contribuição ao IV ENEJA: estímulo à participação dos demais "S" do Sistema, já que o SESI tem representado o papel de alavancador dos Fóruns, com participação ativa na sua constituição e manutenção; busca de envolvimento mais sistemático de equipes do SESC e SESI na Região Norte do país, com vistas a dinamizar a organização de novos Fóruns estaduais, assim como de promover a formação de fóruns regionais nos municípios onde existem representações, orientando a todos eles quanto aos passos para a constituição de Fóruns; estímulo ao maior empenho das equipes engajadas em Fóruns estaduais, de modo a ampliar a participação e garantir a efetiva vinculação, como parceiros, em igualdade de condições aos demais participantes, evitando inserções pontuais e pouco comprometidas; estímulo à participação de alunos de EJA nos Fóruns, à semelhança do Fórum do Rio Grande do Sul, que dá os primeiros passos nesse sentido; realização de encontro dos "S".

No segmento Universidade, as questões gerais levantadas giraram em torno dos limites identificados quanto ao número restrito de docentes envolvidos na área da EJA; desgaste das universidades com o desenvolvimento de programas conveniados (PRONERA e PAS) em contraposição à defesa feita por este mesmo segmento nos ENEJAs pelo desenvolvimento de políticas públicas.

O segmento movimentos populares e ONGs discutiu três questões norteadoras: temas mais relevantes para as ONGs e movimentos sociais; perspectivas e parcerias. Chegando, entre outras, às seguintes propostas: parâmetros mínimos de institucionalização que garantam o processo da EJA na perspectiva da educação popular; parâmetros mínimos para a criação dos fóruns com garantia de participação dos movimentos sociais e ONGs; articulação de recursos do FAT para a EJA; garantia da autonomia e não uniformização das experiências; incentivo aos movimentos sociais para participar dos fóruns; fóruns e encontros como um espaço para o debate metodológico, não sobre o "como fazer" mas discutindo as orientações para o "como fazer", ou seja, discussões de concepções, propostas que levam a este "fazer" e aos conteúdos.

Um novo segmento que desponta no IV ENEJA é o dos professores, universitários e alunos de EJA com a participação de 34 pessoas. Fizeram uma retrospectiva dos últimos três ENEJAs: Rio de Janeiro, Campina Grande e São Paulo. Notaram a pouca inserção de educadores, universitários e de alunos no ENEJA.

Quanto às temáticas discutidas em cada Fórum, aponta-se a recorrência de algumas, como diretrizes curriculares para a EJA; políticas públicas; experiências pedagógicas; formulação de Planos Estaduais e Municipais de Educação; regulamentação da EJA. Cada uma delas se desdobra de diferentes maneiras, de acordo com a realidade de cada Fórum, destacando aspectos como financiamento, formação continuada de professores etc.

Algumas entidades são menos freqüentes aos Fóruns, como os Conselhos Estaduais e Municipais de

Educação, mas se encontram presentes e atuantes em alguns. Outras, como escolas particulares constituem indicação de alguns Fóruns para integrar a rede, nos lugares onde ainda não estão presentes. Observa-se que, em alguns estados, vem sendo priorizada a interiorização e regionalização dos Fóruns, tendo em vista questões locais, grandes distâncias, entre outras. Também observa-se e destacou-se positivamente as diversas formas de articular, socializar e intervir, como sendo uma espécie de slogan a ser assumido pelos Fóruns, por se entender ser esta, efetivamente, a natureza de sua atuação.

Outro aspecto importante a destacar diz respeito à idéia de que, para os Fóruns, a pluralidade e o diálogo freqüente constituem princípios de ação. Por fim, algumas propostas foram encaminhadas: a realização de eventos com candidatos majoritários, visando incluir a EJA nas agendas; à semelhança do Fórum de Goiânia, estabelecer diagnósticos dos eleitores analfabetos nas próximas eleições, junto ao TRE, identificando-os e localizando seus lugares de residência.

5. Cenários em mudança: perspectivas para a EJA

O cenário, no futuro próximo, apresenta uma complexidade e diversidade de desafios para a EJA entre os quais elencamos os seguintes:

- centralidade do conhecimento neste novo século e a urgência de se implantar uma política de educação continuada;

- substituição do sentido de suplência atribuído à EJA — e largamente incorporado à sociedade — como espaço complementar, compensatório, não essencial e de dever do Estado, que mantém excluída ampla maioria da população do direito a aprender, segundo suas necessidades e saberes constituídos ao longo da vida, pelo sentido de direito de todos, garantindo o preceito constitucional da escolarização de ensino fundamental, requerido com qualidade;

- permanência da baixa escolaridade da grande maioria da população adulta brasileira, apesar dos esforços empreendidos;

- crescente demanda, pressionada pelo mercado de trabalho, para a escolarização e certificação do jovem e adulto trabalhador;

- incorporação de novas tecnologias nas práticas educativas da EJA;

- iminentes mudanças de governo federal e estaduais, que se refletem no jogo de forças e definição de políticas públicas;

- necessidade de acompanhar de perto as negociações em torno da inclusão da educação para adultos na pauta dos serviços a serem regulados pelo GATS;

- necessidade acompanhar e monitorar as metas para a EJA estabelecidas no Plano Nacional de Educação e de intervir na elaboração dos Planos Estaduais e Municipais de Educação;

- ampliação da pressão para derrubar os nove vetos presidenciais em relação ao PNE, bem como manter a luta pela derrubada do veto do presidente à EJA na Lei do FUNDEF.

6. Proposições para deliberação em plenário

- Posicionamento do IV ENEJA contrário à realização do ENCCEJA;

- Encaminhamento das deliberações do IV ENEJA aos futuros governantes eleitos;

- Respeito à proporcionalidade nas eleições dos delegados ao ENEJA, garantindo a representatividade dos educadores e educandos;

- Espaço nos relatos de experiência aos educadores e propostas de vivências de realidades das escolas;

- Participação dos movimentos sociais, educadores e educandos nas mesas de debates.

7. Deliberações da plenária em relação às proposições do item 6

- Em relação ao ENCCEJA, o IV ENEJA posicionou-se contrário à concepção político-pedagógica centralizadora e padronizante do Exame Nacional de Certificação de Competências da Educação de Jovens e Adultos, e apresenta profunda preocupação quanto às conseqüências deste exame na Educação Popular e na Educação de Jovens e Adultos. O IV ENEJA recomenda aos fóruns estaduais e municipais o aprofundamento do tema, encaminhando suas conclusões, por escrito, à Comissão Nacional de Fóruns até novembro de 2002.

- As demais proposições foram acatadas na íntegra pela plenária.

8. Novas propostas encaminhadas pela plenária

- Participação de todos os segmentos de EJA na Campanha contra a ALCA.

- Indicar aos fóruns a necessidade de intensificar a participação dos sindicatos no movimento da EJA.

- Moção de encaminhamento proposta por Mariana, de Santa Catarina, Edna Castro de Oliveira, do Espírito Santo e Eliane Ribeiro, do Rio de Janeiro e aprovada unanimemente pela plenária:

"Os 400 educadores e educadoras representantes das administrações públicas, ONGs, universidades e movimentos populares reunidos no IV ENEJA em Belo Horizonte nos dias 21, 22, 23 e 24 de agosto de

2002 delibera pelo encaminhamento aos partidos políticos, candidatos a governadores e a presidente da república o Relatório Final do IV ENEJA, solicitando desses candidatos o compromisso com a Educação de Jovens e Adultos, com os princípios contidos neste Relatório, e especialmente dando atenção aos desafios postos quanto à necessidade imediata de inclusão da EJA nas políticas públicas municipais, estaduais e nacional, de modo a assegurar o direito constitucional de todos ao ensino fundamental."

9. Deliberações quanto ao V ENEJA

■ Próximo local — apresentado, em forma de poesia, pelo Fórum de EJA de Mato Grosso, a candidatura foi aprovada por unanimidade pela plenária, para Cuiabá, a realização do V ENEJA.

Pros cenários em mudança
Viemos pra Minas Gerais,
Cantada em verso e prosa
Por Drummond, Guimarães Rosa
Esse trem é bom demais.
E se no meio do caminho tinha uma pedra
transformada em rampas, ladeiras, veredas,
fazemos a travessia da brava gente brasileira
pra construir cidadania.
Um dia alguém me falou:
não basta ensinar a pescar
é preciso, também, o rio conquistar.
E vamos mais longe ainda
conquistar cidade, campo
esparramar alegria, fazer valer a utopia
de uma terra de iguais.
Tomar o rumo nas mãos,

Fazer vida verdadeira
É o que todo deseja.
E depois do IV ENEJA, no V
é preciso pensar.

A Minas nosso carinho
pelo feito extraordinário.
E vamos mudar o cenário
para uma terra também bela.
Chapada, pantanal, o cerrado,
matrinxã, rasqueado, pequi e bolo de arroz.
no Centro-Oeste encravado
Mato Grosso emocionado pede o voto de vocês.
Para conquistar, integrar
E pra que todo mundo veja
Pra fazer o V ENEJA,
Oferecemos Cuiabá.

■ Proposta de data: indicativo em torno de **08** de setembro — Dia Internacional da **Alfabetização**.

EQUIPE DE RELATORIA: Jane Paiva (UERJ), José Barbosa da Silva (UFPB), Ma Margarida Machado (UFGO), Alexandre Aguiar (SAPE), Domingos Nobre (UERJ), Eliane Dayse Furtado (UFC), Ma. Alice de Paula (Instituto Paulo Freire), Ma Amélia Giovanetti (UFMG), Ma.Aparecida Zanetti (UFPR), Tânia Moura (UFAL), Timothy Ireland (UFPB - Coordenador).

SESC Venda Nova – Belo Horizonte – MG – 21 a 24 de agosto de 2002.
Realização Fórum Mineiro de Educação de Jovens e Adultos e Rede de Apoio à Ação Alfabetizadora no Brasil - RAAAB – Apoios AEC/BR, MST, ABONG, SESI Nacional/MG, Instituto Marista de Solidariedade, MTB, FAE-UEMG, CEDEFES, MEC, UFMG, CONSED, CME-BH, SESC Nacional/MG, Prefeitura de BH, UNDIME, CEAAL, UNESCO, Secretaria da Educação do Estado de Minas Gerais, Prefeitura Ipatinga, Fórum Nacional de Pró-Reitores de Extensão das Universidades Públicas Brasileiras, AEJA, AEC/MG

MANIFESTO AO PRESIDENTE ELEITO, LUIZ INÁCIO LULA DA SILVA

EDUCADORES E EDUCADORAS POPULARES ASSO-CIADOS À REDE DE APOIO À AÇÃO ALFABETIZADORA DO BRASIL (RAAAB), PARTICIPANTES DOS FÓRUNS ESTADUAIS DE EDUCAÇÃO DE JOVENS E ADULTOS E MEMBROS DA COORDENAÇÃO NACIONAL DOS MOVIMENTOS DE ALFABETIZAÇÃO (MOVAs), reunidos em São Paulo nos dias 12 e 13 do corrente mês, manifestam ao Governo eleito seu integral apoio e, conscientes de seu papel, tecem as seguintes considerações:

No Brasil existem mais de 16 milhões de pessoas jovens e adultas analfabetas absolutas e cerca de 65 milhões com escolaridade inferior ao Ensino Fundamental completo, excluídas, portanto, de um direito básico que lhes garante a Constituição nacional.

Inspirados pelo grandioso legado de Paulo Freire, diversos grupos e organizações vêm atuando há longa data no campo da alfabetização e da educação básica de jovens e adultos, articulando-se nacionalmente, discutindo e propondo políticas públicas para essa modalidade. Desde 1996, nos estados brasileiros vieram se organizando Fóruns de Educação de Jovens e Adultos, agregando administrações públicas, organismos Sistema S, Universidades, organizações sindicais e não governamentais (ONGs), educadores, educandos, Conselhos de Educação, com a finalidade de reunir forças, assessorar e ampliar a responsabilidade pública e social com a

Educação de Jovens e Adultos, Fóruns esses que expressam posições, desde 1999, nos Encontros Nacionais de Educação de Jovens e Adultos (ENEJAs).

Neste contexto nacional, uma das grandes inovações implementadas pelas Administrações Populares municipais e estaduais são os Movimentos de Alfabetização de Jovens e Adultos – MOVAs, que a partir da experiência de Paulo Freire, em São Paulo, vêm rompendo com as práticas das antigas campanhas com vieses assistencialistas descomprometidas com a continuidade da escolarização e com a transformação da sociedade brasileira. Os MOVAs vêm promovendo uma ação alfabetizadora popular que extrapola a visão da alfabetização apenas como decodificação da escrita, pautando-a nos princípios da formação cidadã, envolvendo toda a sociedade civil em parcerias com os poderes públicos para a garantia da alfabetização enquanto ação cultural.

A Rede de Apoio à Ação Alfabetizadora do Brasil – RAAAB, formada por pessoas e organizações atuantes nessa área, vem apoiando essas articulações nacionais e, no contexto da transição da administração federal, toma a iniciativa de manifestar sua posição em relação aos rumos de uma política nacional de educação de jovens e adultos:

■ É fundamental garantir o cumprimento do preceito constitucional do direito de todos à educação até hoje não efetivado; para tanto, enfatizamos a necessidade de inclusão da Educação de Jovens e Adultos nos mecanismos de financiamento da educação básica.

■ É fundamental que o Governo Federal reafirme os compromissos relativos à alfabetização e à educação de pessoas adultas firmados nas conferências internacionais de Jomtien (1990), Hamburgo (1997) e Dakar (2000), orientando-se pelas diretrizes do parecer 11/2000 e pelas lutas populares em defesa da educação pública para todos.

- É importante reafirmar a concepção consagrada na V Conferência Internacional de Hamburgo (1997), que compreende a formação de jovens e adultos, como processo de educação ao longo da vida, na busca da autonomia e do senso de responsabilidade das pessoas e das comunidades, fortalecendo a capacidade de lidar com as transformações que ocorrem na economia, no trabalho, na cultura e nas relações sociais, considerando as diferenças geracionais, de gênero, etnia, entre campo e cidade, de portadores de necessidades especiais e de outros grupos.

- Nessa perspectiva, a alfabetização é concebida como apreensão de conhecimentos básicos de leitura e de escrita da palavra e do mundo, parte de um direito mais amplo que não se restringe à alfabetização, mas deve atingir a terminalidade do ensino fundamental —, como requisito básico para a educação continuada durante a vida e para a formação de cidadãos leitores e escritores críticos e éticos, capazes de expressar suas culturas e experiências, e de intervir na realidade social (Declaração de Hamburgo, 1997).

- O Governo Federal, por meio do Ministério da Educação, deve ser o articulador de uma política pública que incorpore a Educação de Jovens e Adultos definitivamente ao Sistema Nacional de Educação, para o que deve contar com uma estrutura administrativa capaz de responder a esse enorme desafio.

- É urgente reconstruir e acionar a Comissão Nacional de Educação de Jovens e Adultos, órgão consultivo composto por representantes de instituições governamentais e não governamentais, de modo a garantir o princípio da ampla participação social na proposição, controle e avaliação das políticas públicas.

- É fundamental realizar diagnóstico e avaliação das diferentes ações educativas do Governo Federal voltadas aos jovens e adultos, tais como o Programa de Alfabetização Solidária (PAS), o Programa Nacional de Educação na Reforma Agrária (PRONERA), o Plano Nacional de Formação Profissional (PLANFOR) e o Programa Recomeço.

- Considerando a descentralização da educação básica de jovens e adultos, cabe ao Governo Federal potencializar a ação local coordenada nos Municípios e nos Estados, pelas prefeituras e secretarias municipais e estaduais, bem como as parcerias com as iniciativas da Sociedade Civil.

- É importante reconhecer e legitimar, na elaboração e na implementação de políticas públicas, as ações empreendidas pelas redes de organizações da Sociedade Civil, pelos MOVAs e pelos Fóruns Estaduais de Educação de Jovens e Adultos.

- É necessário garantir a formação continuada dos educadores de Educação de Jovens e Adultos, sob o princípio "reflexão sobre a ação", valorizando os profissionais da área e as especificidades da ação pedagógica.

- É fundamental evitar que o MOVA Brasil tenha qualquer semelhança com campanhas e ações assistencialistas já realizadas historicamente, descomprometidas com a continuidade e terminalidade da escolarização e com a transformação da sociedade brasileira, ultrapassando, assim, a visão equivocada de que a universalização da alfabetização de jovens e adultos possa ser alcançada por métodos milagreiros e em curtíssimo prazo.

- É imprescindível estabelecer articulações intersetoriais, intraministeriais e interministeriais de modo a promover convergências entre as diversas propostas de ensino e iniciativas educacionais.

- Em conformidade com os princípios acima expostos, decidimos pela formação de um grupo de trabalho com representação da RAAAB, da Comissão Nacional dos MOVAs e de membros dos Fóruns de Educação de Jovens e Adultos que apresentará, nos próximos dias, uma proposta para o MOVA Brasil que contemple a concepção de educação popular que permeia este manifesto.

CARTA DO 3° ENCONTRO NACIONAL DE MOVAS

Ao Sr. Excelentíssimo Ministro,
Cristovam Buarque.

Os mais de seiscentos participantes reunidos no 3° Encontro Nacional de MOVAs, em Goiânia, no período de 10 a 12 de agosto do corrente ano, apresentam as deliberações construídas e aprovadas em plenário.

No Brasil existem mais de 16 milhões de pessoas jovens e adultas analfabetas absolutas e cerca de 65 milhões com escolaridade inferior ao Ensino Fundamental completo, excluídas, portanto, de um direito básico que lhes garante a Constituição nacional.

Inspirados pelo legado de Paulo Freire, diversos grupos e organizações vêm atuando há longa data no campo da alfabetização e da educação básica de jovens e adultos, articulando-se nacionalmente, discutindo e propondo políticas públicas para essa modalidade.

Neste contexto nacional, uma das grandes ações implementadas foi a parceria entre os Movimentos Sociais e as Administrações Populares municipais e estaduais na construção dos Movimentos de Alfabetização de Jovens e Adultos – MOVAs. Os MOVAs vêm rompendo com as práticas das antigas campanhas com vieses assistencialistas, descomprometidas com a continuidade da escolarização e com a transformação da sociedade brasileira.

Os MOVAs vêm promovendo uma ação alfabetizadora popular que extrapola a visão da alfabetização apenas como decodificação da escrita, pautando-a nos princípios da formação cidadã, envolvendo toda a sociedade civil em parcerias com os poderes públicos para a garantia da alfabetização enquanto ação política e cultural.

Com vistas ao resgate da historicidade dos MOVAs, relembramos que o MOVA-SP, criado em 1989, é o marco inicial de todos os Movimentos de Alfabetização de Jovens e Adultos implementados em Administrações Populares. Como exemplo, citamos Porto Alegre, Alvorada, Três de Maio, Cachoeirinha e Caxias do Sul (RS); São Paulo, Diadema, Embú, Mauá, Guarulhos, São Carlos, Rio Grande da Serra, Ribeirão Preto, Araraquara, Ribeirão Pires e Santo André (SP); Angra dos Reis (RJ), Belém e Cametá (Pará); Chapecó, Ponta Grossa, Rio do Sul e Blumenau (SC); Ipatinga (MG) e nos estados do Rio Grande do Sul, Rio de Janeiro, Mato Grosso do Sul e Acre, bem como outros projetos e movimentos de alfabetização alicerçados nos mesmos princípios da educação popular, tais como GTPA/DF, AJA-Expansão e Ler-Rio Claro.

De forma dispersa participávamos dos encontros de EJA, de seminários de estudo, em atividades organizadas nos governos locais. Participamos de redes como a RAAAB – Rede de Apoio à Ação Alfabetizadora do Brasil e compomos as reuniões dos Fóruns Estaduais de EJA. Entretanto, isso não era o suficiente.

No 1º Fórum Social Mundial, o MOVA-RS chamou uma reunião com os MOVAs que estavam presentes, com as ONGs paulistas, Ação Educativa e Instituto Paulo Freire. Dessa reunião nasceu a organização do 1º

Encontro Nacional de MOVAs, marcado para outubro de 2001. Casualmente, o Encontrou coincidiu com o Fórum Mundial de Educação em Porto Alegre, do qual participamos enquanto atividade simultânea.

Na ocasião reuniram-se centenas de participantes de MOVAs de dezenas de Administrações Populares. Como foi a primeira vez que nos encontrávamos em espaço exclusivo, a pauta foi preparada para que fosse feita uma revisão dos conceitos e dos princípios que norteavam essas experiências: 1) conceito de alfabetização; 2) conceito e relações de parceria com a sociedade civil; 3) estrutura do MOVA; 4) formação políticopedagógica; 5) avaliação.

O 1º Encontro Nacional de MOVAs encerrou chamando a organização do 2º Encontro para o MOVA-ABC, em especial para Santo André e Diadema, para agosto de 2002, com pauta dirigida ao aprofundamento do conceito de parceria, das questões de gênero, etnia e de portadores de deficiências. Da mesma forma, centenas de pessoas dos MOVAs se fizeram presentes e, ao final, ficou indicado o 3º Encontro Nacional de MOVAs para Goiânia, em meados de agosto deste ano, cujo o tema central é o papel do O MOVA como Política Pública.

No 3º Encontro Nacional, uma das principais deliberações tomadas foi a constituição da REDE NACIONAL DE MOVAs, denominada de MOVA-BRASIL. Esta favorece a construção de espaços para a reflexão da práxis e troca de experiências, articula e estimula a expansão das ações de alfabetização de jovens e adultos já existentes no país, e promove novas iniciativas de alfabetização orientadas por uma perspectiva de democratização da cultura e da participação popular.

O MOVA-BRASIL reafirma que cabe ao Ministério da Educação coordenar a política de Educação de Jovens e Adultos, através de parceria entre as três esferas de poder, bem como com a sociedade civil para garantir o direito à Educação Básica em qualquer idade, respeitando a autonomia que o pacto federativo concede às instâncias municipal e estadual de governo.

O MOVA-BRASIL considera as aprendizagens realizadas ao longo da história da educação brasileira e internacional, valoriza os agentes e as iniciativas de alfabetização de jovens e adultos em curso.

No MOVA-BRASIL a alfabetização é concebida como apreensão de conhecimentos básicos de leitura e de escrita da palavra e do mundo, parte de um direito mais amplo que não se restringe à alfabetização, mas deve atingir o ensino fundamental como requisito básico para a educação continuada durante a vida e para a formação de cidadãos leitores e escritores críticos e éticos, capazes de expressar suas culturas e experiências, e de intervir na realidade social, conforme indica a Declaração de Hamburgo (V CONFINTEA, Alemanha, 1997).

É importante reafirmar a concepção consagrada na V CONFINTEA, fortalecendo a capacidade de lidar com as transformações que ocorrem na economia, no trabalho, na cultura e nas relações sociais, considerando as diferenças geracionais, de gênero, etnia, entre campo e cidade, de portadores de necessidades especiais e de outros grupos.

A história nacional e internacional da Educação desconhece experiências em que os conhecimentos básicos da leitura e da escrita tenham sido alcançados por grandes contingentes populacionais em processos de alfabetização com duração inferior a oito ou dez meses.

O MOVA-BRASIL não tem qualquer semelhança com campanhas e ações assistencialistas já realizadas historicamente, descomprometidas com a continuidade da escolarização e com a transformação da sociedade brasileira, ultrapassando, assim, a visão equivocada de que a universalização da alfabetização de jovens e adultos possa ser alcançada por meio de métodos milagreiros e realizados em curtíssimo prazo.

O MOVA-BRASIL, por sua vez, leva em consideração duas dimensões: a de temporalidade e a de terminalidade. Isto significa dizer que não é possível estabelecer um tempo mínimo como regra geral, uma vez que se respeita a diversidade dos contextos culturais e os tempos de aprendizagem dos educandos(as). Face a isso, a terminalidade está adequada ao que cada indivíduo precisa para alfabetizar-se, portanto, o MOVA-BRASIL garante a todos o processo educativo em espaços de tempo diferenciados e em acordo com as especificidades dos sujeitos.

O MOVA-BRASIL com isso considera os compromissos relativos à alfabetização e à educação de pessoas jovens e adultas firmados nas conferências internacionais de Jomtien (1990), Hamburgo (1997) e Dakar (2000), orientando-se pelas diretrizes do parecer 11/2000 e pelas lutas populares em defesa da educação pública para todos.

O MOVA-BRASIL se articula às demais políticas sociais e culturais, tais como saúde, renda mínima, reforma agrária, segurança alimentar, geração de trabalho e renda, descentralização da cultura, educacionais, etc.

O MOVA-BRASIL se orienta pelas metas do Plano Nacional de Educação (PNE), que prevê alfabetizar 2/3 do contingente de analfabetos absolutos nos cinco primeiros anos de vigência da Lei 10172/2001, o que significa oferecer oportunidades de alfabetização a mais de 10 milhões de pessoas com idade superior a 15 anos no decorrer dos próximos quatro anos.

A consecução das metas do PNE exige mudanças legais nos mecanismos de financiamento da Educação Básica, incluindo a Educação de Jovens e Adultos, através da constituição do FUNDEB.

Considerando a especificidade da Educação de Jovens e Adultos, o MOVA-BRASIL empreende esforços sistemáticos para a formação inicial e continuada dos alfabetizadores e para a elevação da escolaridade e a profissionalização de todos os educadores nele envolvidos. Devem mobilizar os recursos humanos mais qualificados disponíveis em cada localidade, combinando o critério de escolaridade mínima (Ensino Fundamental completo) com a inserção atuante nas comunidades.

Em virtude do acima exposto, os participantes do 3º Encontro Nacional de MOVAs entendeu encaminhar ao Ministério de Educação as seguintes demandas:

- Reconhecer e legitimar, na elaboração e na implementação de políticas públicas de Educação de Jovens e Adultos, as ações do MOVA-BRASIL

- Realizar uma reunião entre a Secretaria Nacional de Erradicação do Analfabetismo e a coordenação nacional do MOVA-BRASIL, com a maior brevidade possível.

- Garantir representante da coordenação do MOVA-BRASIL na Comissão Nacional de Alfabetização do Ministério de Educação.

- Apoiar, política e financeiramente, a realização do 4º Encontro Nacional do MOVABRASIL, a ser realizado no Mato Grosso do Sul, no período de 10 a 12 de junho de 2004.

- Retomar a Comissão Nacional de Educação de Jovens e Adultos, garantindo 5 (cinco) representantes da coordenação nacional do MOVA-BRASIL.

Goiânia, 12 de agosto de 2003.

Participantes do 3º Encontro Nacional de MOVAs

CAPÍTULO 6

EDUCAÇÃO, DEMOCRACIA E QUALIDADE SOCIAL

APRESENTAÇÃO

A quarta edição do CONED – Congresso Nacional de Educação, realizada em São Paulo de 23 a 26 de abril de 2002, repetiu a grande mobilização que esse importante evento tinha promovido em Belo Horizonte (1996 e 1997) e Porto Alegre (1999). O marco do I Fórum Mundial de Educação (realizado em outubro de 2001) e do II Fórum Social Mundial (em janeiro de 2002) foram instâncias mais do que propícias para que o Fórum Nacional em Defesa da Escola Pública decidisse a reeditar essa relevante iniciativa, proclamando a necessidade de dar continuidade às lutas dos Congressos anteriores, fortalecendo a "Proposta da Sociedade Brasileira" do Plano Nacional de Educação (PNE) promulgado nos encontros de Belo Horizonte e Porto Alegre.

O quadro de profunda crise educacional não tinha mudado desde a edição do primeiro CONED e a conjuntura nacional era particularmente complexa, num ano eleitoral, onde dois projetos diferenciados disputariam a hegemonia do novo período constitucional aberto a partir de janeiro de 2003. Um novo CONED tornava-se, portanto, urgente e necessário. Todavia, a conjuntura política de São Paulo não era das mais favoráveis. Algumas das prefeituras desse Estado passavam por momentos de muita tensão, como conseqüência dos recentes assassinatos dos Prefeitos de Campinas e Santo André. Junto com isto, mudanças ocorridas nas equipes das secretarias de educação, acabaram por afastar alguns dos quadros que mais ativamente tinham participado da organização dos congressos anteriores. As greves de mais de 100 dias nas Universidades Federais (2001) e de mais de 160 dias (2001 e 2002) nas Universidades Estaduais do Paraná, com suas dificuldades e conquistas, constituíram-se, também, no difícil contexto político que acompanhou a preparação e realização do IV CONED. Da mesma forma, a suspensão por seis meses, aplicada pelo Diretório Municipal do PT ao Vereador Carlos Gianazzi, que tinha se manifestado contrário à redução dos 30% dos investimentos municipais na educação pela Prefeitura de São Paulo, também refletiu de maneira negativa na organização desta nova edição do congresso. No entanto, a persistência das entidades integrantes do Fórum Nacional em Defesa da Escola Pública permitiram a realização de um novo CONED, destinado a reafirmar, para além de difícil conjuntura vivida, uma concepção de educação transformadora, instrumento fundamental para o desenvolvimento econômico, social, cultural e político do País e para a garantia dos direitos básicos de cidadania e da liberdade pessoal de todos os brasileiros e brasileiras.

O PNE – "Proposta da Sociedade Brasileira", reafirmado e atualizado no IV CONED, concebe a escolarização como um patrimônio da sociedade, considerando que sua administração, planejamento e execução devem se dar da forma ampla e democrática, respeitando o conteúdo expresso na Constituição da República Federativa do Brasil de 1988.

Mais de 4.000 participantes de todo o País reuniram-se em São Paulo. Dezenas de conferências e mesas-redondas foram promovidas e 400 pôsteres apresentados por docentes, estudantes, técnico-administrativos, funcionários municipais e militantes de movimentos sociais e organizações populares vindos dos 27 estados da Federação. Na conferência de abertura, o Professor Francisco de Oliveira ressaltou o compromisso político de todos os participantes com a defesa intransigente da *educação pública, gratuita e de qualidade social para toda a população brasileira. A educação inclusiva, inserida na luta por uma sociedade mais justa e igualitária, foi o eixo condutor dessa grande manifestação nacional materializada no IV CONED.*

A nova edição do CONED reforçou a unidade entre as entidades que integram o Fórum Nacional em Defesa da Escola Pública, reafirmando o compromisso destas com a construção de um projeto democrático e popular inspirado na convicção de que "uma outra educação só será possível com a continuidade da luta para garantir direitos, verbas públicas e vida digna".

Maria da Graça Nóbrega Bollmann

(Presidente da Associação de Educadores da América Latina e do Caribe – AELAC/Brasil e membro da Secretaria Executiva dos I, II e IV CONEDs)

Fontes do presente capítulo:

• Carta de São Paulo, Agenda Política e Plano de Lutas, IV Congresso Nacional de Educação (CONED),
Fórum Nacional em Defesa da Escola Pública, São Paulo, 26 de abril de 2002.

CARTA DE SÃO PAULO

Os participantes do 4° Congresso Nacional de Educação (CONED), realizado no período de 23 a 26 de abril de 2002, no Palácio de Convenções do Anhambi-SP, organizado pelo Fórum Nacional em Defesa da Escola Pública, trazem ao conhecimento do povo brasileiro seu posicionamento diante das graves questões da educação nacional, relembrando a importância de algumas de suas referências históricas e, principalmente, reafirmando e dignificando a luta de milhões de anônimos(as) trabalhadores(as), estudantes e famílias, bem como de movimentos sociais que defendem cotidianamente a escola pública brasileira.

A Educação é um direito de todos, afirmavam Anísio Teixeira e tantos outros educadores, mobilizando entidades e movimentos sociais para conquistá-la, o que só se viabiliza por meio de muita luta. O Fórum Nacional em Defesa da Escola Pública tem conclamado e organizado essa luta há mais de 15 anos.

Mais verbas para a educação pública, clamava Florestan Fernandes na metade do século passado, forjando uma das principais bandeiras de luta dos educadores. O Fórum Nacional em Defesa da Escola Pública tem convocado e articulado educadores e movimentos sociais na promoção dessa bandeira.

Educação para uma vida digna para todos, ensinava Paulo Freire, ao propor uma educação dialógica, séria e transformadora, porque política; alegre e rebelde, porque viva. Consciente dos deficits sociais e educacionais, da enorme concentração de renda e do crescimento da violência social no país, onde valores vitais são destruídos, o Fórum Nacional em Defesa da Escola Pública tem reafirmado esse ensinamento.

Uma outra educação é possível e necessária, formularam Milton Santos, Maurício Tragtemberg e tantos outros educadores, apontando caminhos, questionando rumos, indicando diferentes alternativas para a educação nacional. Em contraposição ao descaso e à insensatez governamental frente à barbárie social, o Fórum Nacional em Defesa da Escola Pública luta por uma outra educação. Dando continuidade às lutas de entidades, movimentos e educadores deste país, forja-se o grande tema do 4º CONED: **Garantir direitos, verbas públicas e vida digna: uma outra educação é possível!**

Os participantes do 4º CONED denunciam a gravidade da conjuntura internacional. Após o ataque ao World Trade Center, o governo dos EUA tenta manter a subordinação dos demais países a sua política hegemônica, conclamando-os ao "combate ao terrorismo internacional". Testa armas, utiliza alta tecnologia militar para esmagar o Afeganistão; avaliza a invasão das terras árabes e palestinas por Israel; auxilia o governo colombiano no combate aos seus adversários políticos; apóia ações golpistas na Venezuela; impõe, via FMI, duras sanções à Argentina; ignora todo o continente africano; tenta impingir a ALCA a toda a América Latina. Dessa forma, submete o mundo todo aos seus ditames, por meio do combate violento a qualquer ameaça à *Pax Americana*. Além disso, em vez da propalada "abertura de mercados", opera com protecionismos arbitrários.

Tal conjuntura, no plano ideológico, busca tornar hegemônica a idéia de um modelo único de sociedade, justamente o do grande capital, que implica a construção de um "Estado Mínimo", organizado por meio de agências reguladoras, com gerenciamento empresarial das atividades clássicas e exclusivas de Estado, em vez de um sistema articulado, integrado e comprometido com as sociedades nacionais; no plano operacional, busca viabilizar uma pretensa globalização econômica e financeira, com "abertura das economias e criação de um mercado internacional, sem fronteiras e auto-regulável".

Há, todavia, um intenso processo de resistência a essa conjuntura adversa. Há movimentos de contraposição em todos os cantos do planeta: do povo argentino nas ruas às mobilizações antibélicas nos EUA e em outros países; dos Chiapas no sul do México à vitória da sociedade timorense. Além disso, as edições do Fórum Social Mundial (Porto Alegre, 2001 e 2002) e do Fórum Mundial de Educação (Porto Alegre, 2002) e as grandes mobilizações populares, no mundo todo, contra as determinações do G7, da OMC, do FMI e do BM (Seattle, Gênova, Davos) demonstram que novas relações podem e devem ser criadas.

No Brasil, também se constrói e se fortalece um amplo processo de resistência que se expressa em inúmeras e significativas ações de movimentos sociais organizados e partidos políticos de esquerda. Está em curso a resistência organizada contra o desemprego e contra as tentativas de flexibilização, tanto da CLT como dos regimes jurídicos dos servidores públicos, que atacam garantias e direitos consagrados. Exemplos disso, no setor educacional público, foram as prolongadas greves de docentes e funcionários técnico-administrativos, com pleno apoio estudantil, em todo o país. Em outro embate dessa resistência, conscientes de que, entre 1995 e 2000, os governos de FHC promoveram o salto da dívida pública de R$ 86 bilhões para R$ 698 bilhões, destinando cada vez mais recursos para o pagamento de juros e amortizações, inviabilizando assim o atendimento de direitos sociais, dentre eles, a educação, os movimentos sociais realizaram um plebiscito sobre as dívidas interna e externa, que apresentou a indicação como resultado contundente contra seu pagamento. Hoje, estão articulados na preparação de um plebiscito sobre a ALCA. Unido e organizado, o povo brasileiro resiste a um projeto de recolonização do país!

É incontestável que, desde a consolidação do *Plano Nacional de Educação: Proposta da Sociedade Brasileira* (9 de novembro de 1997), a distribuição de renda e outros indicadores sociais não melhoraram no país. Permanecem as desigualdades de oportunidades educacionais lá expostas, já que o país investe menos em educação do que deveria e poderia, em termos de percentual do PIB, que alcançou R$ 1,1 trilhões no ano de 2000.

O 4º CONED, realizado num ano de eleições gerais, considerou como um dos principais desafios dos educadores usar essa ocasião privilegiada de discussão pública, tanto de projetos sociais, quanto da própria democracia representativa, para tornar mais presentes e socialmente respaldadas as suas aspirações, reivindicações e lutas. Aprendemos, arduamente e de longa data, que só sairemos vitoriosos se conseguirmos forjar outra conjuntura política.

O 4º CONED realizou-se num momento em que o Brasil se consolida como um laboratório para as reformas neoliberais implementadas na área da educação, por meio de diferentes instrumentos normativos que, no seu conjunto, constituem a política do governo FHC para a educação brasileira, tendo como centro a Lei de Diretrizes e Bases da Educação Brasileira (LDB), nº 9394/96. Essa política reproduz e aprofunda o processo de exclusão da maioria da população brasileira, concebendo a educação como mercadoria e mero treinamento de força de trabalho, reforçando o individualismo, a competitividade e a produtividade, em busca de tornar hegemônicas as visões de mundo e de educação da cultura capitalista, tomadas como naturais. De acordo com essa concepção, todos(as) os(as) trabalhadores(as) tornar-se-ão meros(as) portadores(as) de habilidades e competências operacionais, suficientes para torná-los funcionais, alienados, descartáveis.

A essa concepção política de educação, o 4º CONED contrapõe a sua visão de educação, apresentada no *Plano Nacional de Educação - Proposta da Sociedade Brasileira*, e reafirma que a educação é um direito fundamental, universal, inalienável e constitui um dever do Estado. Neste Plano, a educação é entendida como um instrumento de formação ampla, de luta pelos direitos da cidadania e da emancipação social, preparando as pessoas e a sociedade para a responsabilidade de construir, coletivamente, um projeto de inclusão e de qualidade social para o país. Ao Estado cabe a responsabilidade de assegurar e a cada cidadão o direito de exigir educação de qualidade social, igualitária e justa. O

Estado para isso deverá munirse de órgãos e estratégias, eficientes e transparentes, para cumprir seu dever, atribuído pela própria Constituição Federal.

A qualidade social, conceito originário do *Plano Nacional de Educação – Proposta da Sociedade Brasileira*, implica prover educação com padrões de excelência e adequação aos interesses da maioria da população, tendo como valores fundamentais a solidariedade, a justiça, a honestidade, o conhecimento, a autonomia, a liberdade e a ampliação da cidadania. Como conseqüência, alcançaremos a inclusão social, por meio da qual todos os(as) brasileiros(as) tornar-se-ão aptos(as) ao questionamento, à problematização, à tomada de decisões, buscando as ações coletivas possíveis e necessárias ao encaminhamento dos problemas de cada um, da comunidade e da sociedade onde vivem e trabalham. A educação, nessa perspectiva, dirige-se ao ser humano integral, considerando todas as dimensões de sua relação com o mundo.

Ao encerrar-se o 4° Congresso Nacional de Educação, constatou-se, mais do que nunca, que dois projetos de educação e sociedade continuam em confronto, como bem evidenciaram as conferências e mesas-redondas, os debates realizados nos grupos de trabalho e plenárias temáticas do 4° CONED, bem como um significativo número de trabalhos ali apresentados por participantes de todo o Brasil.

Em sua dinâmica, evidenciou-se que, quanto à **Organização da Educação Nacional** para a realização de uma outra educação, torna-se necessária a existência de um *Sistema Nacional de Educação* (SNE) articulador, coordenador e integrador, de forma a superar a educação fragmentada, setorizada, justaposta e desarticulada, e a exercer as funções deliberativa, organizativa, de coordenação e de avaliação que lhe são próprias. Ainda, cumprir, conforme previsto na Constituição Federal, as reais funções redistributiva e supletiva da União e dos Estados e estabelecer um verdadeiro regime de colaboração entre União, Estados, Distrito Federal e Municípios que permita o atendimento do direito à educação gratuita e de qualidade em todas as esferas administrativas, com garantia das devidas condições. A existência de um Fórum Nacional de Educação (FNE) e de conselhos democráticos continua sendo exigida em todas as instâncias educacionais.

Quanto à **Avaliação da Educação Nacional**, defende-se a concepção que toma como ponto de partida as condições em que se encontram educadores e educandos, avaliação esta inserida num amplo processo orientado, também, por indicadores sociais. Defende-se, acima de tudo, o respeito a princípios éticos, democráticos, de autonomia, de construção de conhecimentos, sem descuidar da eficiência, enfatizando as funções diagnóstica e formativa da avaliação. Como instrumento de gestão democrática, a avaliação deve sempre subsidiar os processos de tomada de decisão necessários à educação, em âmbitos nacional, estadual, regional ou local. Para garantir o objetivo social dessa avaliação e de um planejamento estratégico democrático, é indispensável a participação organizada de todos os envolvidos na educação. Ao lado disso, enfatizou-se a necessidade de superar a concepção de avaliação individualista e focalizada, que privilegia princípios como produtividade e competitividade, por meio da aferição pontual de desempenhos, orientada apenas por indicadores técnicos e burocráticos, tal como tem ocorrido nas pseudo-avaliações que o governo adota (SAEB, ENEM,

"Provão", GED, GID, entre outras) e cujos resultados têm sido utilizados para ranqueamento de instituições, maquiagem de estatísticas, estímulo à "competitividade", manipulação da opinião pública.

Quanto à **Gestão Democrática da Educação Nacional**, a concepção prevista no *Plano Nacional de Educação: Proposta da Sociedade Brasileira* tem como princípio fundamental a radicalização da democracia, que se consubstancia no caráter público e gratuito da educação, na inserção social, nas práticas participativas, na descentralização do poder, na socialização de conhecimentos, na tomada de decisões e na atitude democrática das pessoas em todos os espaços de intervenção organizada – condições essenciais para garantir a materialização legal do direito à educação de boa qualidade.

Assim, além de um princípio educacional amplo, a gestão democrática da educação torna-se uma das estratégias para superar o autoritarismo, o individualismo e as desigualdades sociais que têm caracterizado as diferentes ações e políticas governamentais e empresariais.

Quanto ao **Financiamento da Educação Nacional**, foram evidenciadas as necessidades de reafirmar-se que a educação pública de boa qualidade só é possível com amplo financiamento estatal e de denunciar as políticas governamentais, subordinadas à agiotagem do capital internacional por meio do pagamento de dívidas públicas, retirando recursos das políticas sociais com o objetivo de favorecer e estimular o setor privado. Paralelamente, desmitificar as políticas e desconstruir os discursos governistas que encobrem a redução das verbas para a educação, por não reconhecerem os deficits educacionais em todos os níveis e modalidades de ensino, assim como por não sanearem, por um lado, as aviltantes condições de trabalho e salário dos(as) trabalhadores(as) em exercício e, por outro, a falta de pessoal, materiais e equipamentos para o atendimento educacional no Brasil.

O *PNE: Proposta da Sociedade Brasileira* indica prioridades claras de investimento em educação pública, tendo como referência o custo-aluno/ano de cerca de 25% do PIB per capita na Educação Básica e 60% na Educação Superior, definindo uma aplicação progressiva até chegar a 10% do PIB. Somente quando superados os *déficits* históricos, o Brasil poderá investir próximo a patamares internacionais, garantindo um atendimento equilibrado de educação de boa qualidade para toda a população.

Além disso, o *PNE da sociedade brasileira* mantém a defesa intransigente da vinculação constitucional de recursos públicos para a manutenção e o desenvolvimento do ensino em todos os níveis da administração pública. Nele está ressaltado que os programas de redistribuição de renda, de garantia de renda mínima e outras ações, que têm referência no conceito de gratuidade ativa (como programas de bolsa-escola ou outros tipos de bolsas, no ensino público), devem ser mantidos com recursos adicionais.

Contudo, o contra-senso governamental pode ser constatado na execução do próprio FUNDEF, pois, quando o presidente decreta valor-aluno/ano nacional bem abaixo dos previstos em lei por ele imposta, diminui a complementação da União aos fundos estaduais. De 1998 a 2002, a dívida alcança R$ 10 bilhões!

Sem exercer controle sobre a educação privada e sem fiscalizar seu funcionamento e seu padrão de qualidade, os governos favorecem a expansão do ensino particular. Ao lado disso, têm privatizado o Estado por meio de diferentes instrumentos e mecanismos: ampliam-se o número de fundações privadas no setor público, as terceirizações, a tentativa de introdução de taxas no ensino público, entre outros.

É necessário revelar ao país que a falta de transparência na prestação de contas dos recursos públicos pelos governos e a ausência de controle pela sociedade agravam as conseqüências dessa privatização. Acompanhar o destino das verbas públicas é tarefa à qual os educadores não podem mais se furtar, pois isso favorece o desvio de recursos e o sucateamento do setor educacional público.

Por isso, os movimentos sociais devem preocupar-se, cada vez mais, em interferir de forma organizada, a cada ano, nos processos de elaboração da Lei de Diretrizes Orçamentárias (LDO) e de definição da Lei Orçamentária (LO). Além disso, é preciso acompanhar permanentemente as ações desenvolvidas pelos Legislativos, pelo Ministério Público, pelos Tribunais de Contas, intervindo, de forma organizada, sempre que possível, e denunciando as iniciativas de governos - sejam eles quais forem - que não contemplam os interesses da sociedade.

Quanto aos **Trabalhadores(as) da Educação Nacional**, ao tratar dos *aspectos formativos*, considerou-se fundamental a garantia de que a formação inicial de docentes para a educação básica seja feita, de fato, em cursos de licenciatura plena, inclusive, quando apropriado, em cursos de Pedagogia, em contraposição às formas alternativas preconizadas pelos governos federal e estaduais, regulamentadas em legislação complementar e coerentes com políticas de caráter privatizante (universidades virtuais; cursos seqüenciais, cursos modulares, aligeirados, minimalistas, semipresenciais ou a distância etc.). Para a educação superior, a garantia de continuidade de formação e titulação acadêmica torna-se imprescindível, sobretudo diante da condição estratégica que o desenvolvimento científico e tecnológico representa para o país e que se encontra ameaçada pelas políticas governamentais.

Evidenciou-se, ainda, a necessidade de maior distinção conceitual, incorporada aos programas formativos, entre *formação inicial* e *formação continuada* de docentes para a educação básica, dando fim à falácia e à propaganda enganosa de programas de formação inicial (pretensamente de graduação plena, mas na realidade inferior à do curso normal de nível médio), que são apresentados também como de formação continuada.

Percebeu-se, também, que além da educação básica, formal e regular, acessível a todos os que a ela têm direito e dela necessitem, há urgência de maior profissionalização dos(as) trabalhadores(as) que exercem funções outras que a docência, o que vem sendo cada vez mais dificultado e mesmo restringido.

Quanto aos *aspectos trabalhistas e previdenciários* relacionados aos(às) trabalhadores(as) em educação, evidenciou-se a necessidade de contraposição às políticas e às ações de governos e de empresários, geradoras da perda de direitos trabalhistas e previdenciários; de deterioração tanto salarial, como das condições de trabalho individual e coletivo; do crescimento da terceirização de serviços e a "celetização" das admissões, no setor público; da terceirização de serviços e da intensificação da precarização das condições de trabalho, no setor privado; e, nos dois setores, o freqüente desrespeito à legislação vigente, inclusive à Constituição Federal.

Debateu-se a criação de conselhos profissionais que não interessam à sociedade nem aos(às) trabalhadores(as) em educação, porque fragmentam e pulverizam categorias; reproduzem uma visão de profissão fundada nas antigas corporações de ofício; ferem a autonomia das instituições formadoras, introduzindo órgãos controladores e reguladores fora do Estado, que dariam o aval para o exercício profissional, entregando essa importante função nas mãos de grupos de interesses particulares. Em especial, torna-se inadiável aprofundar o debate sobre a regulamentação da profissão dos profissionais em educação e sustar, no Congresso Nacional, a tramitação de projetos de lei sobre a criação dos Conselhos Federal e Estaduais de Pedagogia.

Foi nesse contexto amplo de análises, posicionamentos, denúncias e contraposições que se realizou o 4° CONED. É fundamental que os segmentos que compõem o setor educacional no país estejam atentos e preparados para as investidas de cunho antipopular que governos, de diferentes matizes políticos, querem impingir à educação. Mais do que nunca, o *Plano Nacional de Educação - Proposta da Sociedade Brasileira* transforma-se numa referência nacional de luta dos educadores.

Na busca de um enfrentamento organizado das desigualdades educacionais e sociais do país, o 4° CONED indicou uma **agenda política** e um **plano de lutas** aos trabalhadores e trabalhadoras da educação, aos estudantes, às entidades e movimentos ali representados.

O 4º CONED recomenda que, neste ano de eleições gerais, os movimentos, as entidades e os(as) profissionais em educação procurem esclarecer-se, e esclarecer os segmentos da população a que têm acesso quanto ao exercício do voto consciente, pela análise do histórico político dos candidatos e de seus compromissos com as políticas sociais, em especial com a educação. É importante também a inclusão nos programas de governo de garantias de direitos dos(as) trabalhadores(as) em educação por meio de políticas públicas. De outra forma, onde for possível, buscar implementar os conteúdos do *PNE: Proposta da Sociedade Brasileira*, por meio da divulgação, debate e compromisso com candidatos.

O 4º CONED indica, ainda, subsídios para o aprofundamento de conteúdos, propostas e denúncias e, além disso, sugere instrumentos para cobrar compromissos de candidatos e para uma coleta inicial de dados e informações para a elaboração preliminar de Planos Estaduais de Educação (PEE) e Planos Municipais de Educação (PME).

Diante dessas considerações, à luz da contribuição de tantos, é fundamental articular os trabalhadores e trabalhadoras em educação na perspectiva de engendrar uma nova relação de forças, recuperando a iniciativa de proposição de políticas públicas para superar os *deficits* sociais e educacionais de nosso país. Tal iniciativa honra e qualifica ainda mais a nossa força no trato com o conhecimento e com nossas posturas democráticas e transparentes. Nossa força é a nossa verdade, porque esta é fruto de valores que proporcionam vida digna a todos. Nosso conhecimento é o principal instrumento para a nossa luta cotidiana.

Nossa luta é a mesma de todos os que procuram construir uma outra ordem mundial e nacional, única forma de garantir **direitos, verbas públicas e vida digna: uma outra educação é possível!**

AGENDA POLÍTICA E PLANO DE LUTAS

Aprovadas na Plenária de Encerramento do 4º CONED, realizada no dia 26 de abril de 2002

AGENDA POLÍTICA

1. Construir e socializar o conhecimento crítico, refutando as formulações políticas teóricas e práticas dos setores dominantes que têm como referência o "pensamento único", pretensamente consensual e garantir acesso, permanência e êxito de todos, em todos os níveis e modalidades de ensino.

2. Defender a constituição do Fórum Nacional de Educação, como instância deliberativa máxima da política nacional de educação, com ampla representação dos setores sociais envolvidos na área educacional.

3. Fomentar a criação de fóruns estaduais e municipais em defesa da escola pública, onde esses não existem e articular os já atuantes, para estimular discussões, envolvendo os movimentos sociais, populares e outros setores da sociedade, visando à elaboração coletiva e democrática dos Planos Estaduais de Educação (PEE) e Planos Municipais de Educação (PME), tomando como referência o *Plano Nacional de Educação: Proposta da Sociedade Brasileira*.

4. Garantir espaços para divulgação dos conteúdos políticos do *Plano Nacional de Educação: Proposta da Sociedade Brasileira* junto à imprensa das entidades nacionais, bem como procurar espaços na imprensa em âmbito nacional.

5. Intervir para que sejam realizadas audiências públicas representativas e transparentes, nos estados e nos municípios, sobre os projetos de planos estaduais e municipais de educação (PEE e PME, respectivamente) e sobre os níveis e modalidades de ensino.

6. Combater propostas e programas que comprometam a qualidade social e técnica da educação.

7. Criar mecanismos de acompanhamento, pela sociedade civil, dos gastos públicos com a educação, nas três esferas governamentais, com o auxílio de instituições especializadas na obtenção e análise dos dados, exigindo o levantamento e a divulgação periódica de dados educacionais, censos escolares, censos demográficos, bem como das despesas totais e correntes com a educação.

8. Intervir em todos os espaços, revelando e denunciando as políticas governamentais para a educação, em geral, e as políticas compensatórias, em especial, que focalizam níveis de ensino em detrimento de outros e fragmentam o sistema nacional de educação, resultando no não atendimento do direito social à educação de boa qualidade para todos.

9. Intervir junto com outras entidades e movimentos para acompanhar, nos Tribunais de Contas, a execução orçamentária das verbas vinculadas à educação, recorrendo ao Ministério Público quando constatada improbidade.

10. Acompanhar os processos orçamentários, junto às Câmaras Municipais, às Assembléias Legislativas e ao Congresso Nacional, notadamente os planos plurianuais (PPA), as leis de diretrizes orçamentárias (LDO) e as leis orçamentárias anuais (LOA).

11. Combater a desresponsabilização crescente do Estado pelo financiamento das políticas públicas.

12. Posicionar-se contra as pretensas políticas governamentais de avaliação que se consubstanciam nos instrumentos oficiais vigentes (Exame Nacional de Cursos – o "provão", Exame Nacional do Ensino Médio – ENEM, Sistema Nacional de Avaliação da Educação Básica – SAEB, entre outros).

13. Exigir a gestão democrática das instituições e sistemas educacionais, por meio de órgãos colegiados democráticos e tendo como horizonte a eleição de dirigentes, conforme o *Plano Nacional de Educação: Proposta da Sociedade Brasileira*.

PLANO DE LUTAS

1. Defender a efetivação de conselhos nacional, estaduais e municipais de educação, representativos, democráticos e deliberativos, bem como repudiar a estrutura, a composição e o funcionamento do atual Conselho Nacional de Educação (CNE) e solicitar que as entidades do Fórum Nacional em Defesa da Escola Pública não indiquem membros para o atual CNE.

3. Participar da elaboração dos planos estaduais e municipais de educação, baseados no Plano Nacional de Educação:

Proposta da Sociedade Brasileira, articulados, onde os houver, com os respectivos fóruns estaduais e municipais em defesa da escola pública;

4. Posicionar-se contrariamente às Diretrizes Curriculares Nacionais (DCN) e Parâmetros Curriculares Nacionais

(PCN), precariamente discutidos com a sociedade e que se fundamentem em concepções mercadológicas, seja em seus aspectos políticos e pedagógicos, seja em seu favorecimento do setor privado.

5. Lutar pela revogação do Decreto nº 2.208/1997 e da Portaria do Ministro da Educação nº 646/1997 (Educação Profissional) e do Decreto nº 2.855/1999 (índice de 70% de professores nas eleições de dirigentes das instituições educacionais), bem como da Lei nº 9.131/1995 (CNE e "Provão") e da Lei nº 6.192/1995 (escolha dos dirigentes universitários).

6. Exigir que as convenções coletivas de trabalho contemplem a formação e a habilitação adequadas dos trabalhadores e trabalhadoras em educação.

7. Lutar contra a proposta governamental de alteração da Consolidação das Leis do Trabalho – CLT (PL 5483/2001) e contra os projetos de "Lei antigreve", propostos pelo governo e sua base parlamentar de sustentação (PL 5721/2001; PL 6032/2002, entre outros).

8. Lutar para que o governo brasileiro ratifique a Convenção nº 138 da Organização Internacional do Trabalho - OIT, comprometendo-se com a erradicação do trabalho infantil, bem como tomar posição contra a alteração da Convenção nº 103 da OIT, que trata dos direitos da mulher trabalhadora.

9. Lutar contra todas as formas de discriminação referentes a gênero, raça, religião e orientação sexual.

10. Utilizar-se do espaço das eleições, comprometendo os candidatos na luta pela educação pública, gratuita, laica e de boa qualidade, tendo como referência o *Plano Nacional de Educação: Proposta da Sociedade Brasileira*.

11. Convocar entidades e instituições, buscando seu compromisso e sua responsabilidade na discussão e no esclarecimento dos diferentes projetos de sociedade que estão presentes no pleito eleitoral de 2002.

12. Cobrar, nos âmbitos federal e estadual, o compromisso com a educação pública de boa qualidade, dos candidatos a presidente da República, a senador, a governador, a deputado federal e a deputado estadual, de acordo com os Anexos II e III do Caderno do 4º CONED.

13. Lutar pela instituição do orçamento participativo, democrático e transparente, em todos os níveis de administração – municipal, estadual e federal.

14. Participar da "Campanha Nacional pela Auditoria da Dívida Externa", convocada pelas entidades nacionais.

15. Promover discussões e participar do Plebiscito, de 1º a 7 de setembro de 2002, posicionando-se contra o envolvimento do Brasil nos acordos da Área de Livre Comércio das Américas – ALCA.

16. Participar da *3ª Conferência Nacional de Educação*, promovida pela Comissão de Educação, Cultura e Desporto da Câmara dos Deputados, em nov/2002, e do *Fórum Mundial de Educação*, em Porto

Alegre-RS, em jan/2003, posicionandose de acordo com as concepções contidas no *Plano Nacional de Educação: Proposta da Sociedade Brasileira*.

17. Lutar contra qualquer forma de regulamentação do Art. 207 da CF/1988, que trata da autonomia universitária e ampliar as discussões sobre esse tema.

Fórum Nacional em Defesa da Escola Pública

Entidades integrantes:

ABEP, ABEF, ABI, ABRUEM, Ação Educativa, AEC, AELAC, ANDE, ANDES-SN, ANDIFES, ANFOPE, ANPAE, ANPEd, ANPG, ANUP, CAED, CBCE, CEDES, CFP, CNBB, CNTE, CONDSEF, CONTEE, DENEM, ENEC, ENECOS, ENEFAR, ENEN, ENEENF, ENESSO, ENEV, ExNEP, ExNEEF, ExNEF, FASUBRA-Sindical, FEAB, FENECO, FORUMDIR, MNMMR, MST, OAB, SBPC, SINASEFE, UBES, UNDIME, UNE

CAPÍTULO 7

A LUTA DOS POVOS POR UMA EDUCAÇÃO DEMOCRÁTICA

APRESENTAÇÃO

As Cartas dos Fóruns Mundiais de Educação

O ano de 2001 não realizou a odisséia espacial que haviam imaginado Clark e Kubrick, numa das melhores obras primas da história do cinema. Todavia, as lutas no campo da educação guardaram, naquele ano, uma certa relação com algumas das metáforas que esse extraordinário filme explora. Em janeiro, centenas de movimentos, organizações e redes sociais, reunidos sob o lema "um outro mundo é possível", encontraram-se em Porto Alegre para dar forma e conteúdo a um ousado sonho: o Fórum Social Mundial (FSM). Presentes, virtual e fisicamente, milhares de militantes do mundo inteiro abriram uma nova etapa na construção de um mundo mais justo. Um verdadeiro re-encontro de mulheres e homens, com idades, credos, raças, etnias, orientações sexuais, países e culturas diferentes, destinado a fortalecer o desejo inalienável de construir um futuro sem excluídos, um futuro de igualdade e dignidade.

É neste contexto que nascerá o Fórum Mundial de Educação *(FME)*, desdobramento de uma experiência social e política capaz de recolocar a esperança no horizonte histórico da humanidade, capaz de mostrar que a construção de um outro mundo é possível e necessária. Educadores e educadoras engajados na luta pela superação das políticas neoliberais, recuperando a experiência de diversos encontros e espaços de luta globais, e comprometidos com o caráter afirmativo do FSM, reuniram-se em Porto Alegre para fundar, em outubro de 2001, o primeiro FME. Seu tema foi: A educação no mundo globalizado. Em janeiro de 2003, realizar-se-ia a segunda edição deste grande encontro, tendo como tema organizador: Educação e Transformação – A construção de um outro mundo possível.

Entre os múltiplos resultados dos debates realizados naquelas jornadas, dois documentos possuem um valor emblemático. Trata-se da **Carta de Porto Alegre Pela Educação Pública Para Todos** (documento final do Fórum de 2001) e da **Declaração de Porto Alegre** (lida no fechamento do Fórum de 2003). Estas declarações, longe de esgotar os temas amplamente debatidos naqueles encontros e sem a pretensão de resumir conclusões que fechem o diálogo democrático, sintetizam os princípios fundamentais afirmados pelo FME, bem como algumas das propostas que tiveram a adesão unânime de todos os participantes e das organizações convocantes. Ambos reforçam a crítica ao projeto neoliberal e o repúdio enfático à mercantilização da educação. Ratificam o caráter propositivo do FSM, apresentando alternativas e reafirmando imperativos éticos e políticos, como a universalização da educação pública, laica, gratuita e de qualidade para toda a humanidade.

A primeira edição do Fórum Mundial de Educação teve um papel fundamental para aglutinar forças políticas, sindicais e sociais que, dentro e fora do Brasil, sonhavam com a vitória eleitoral da esquerda nas eleições de outubro de 2002. O segundo Fórum, na euforia das comemorações que acompanharam os primeiros dias do Governo Lula, ratificou o tamanho do desafio aberto na construção de uma escola democrática e de qualidade para todos. O que parecia uma possibilidade quase remota naquelas jornadas de 2001, tornava-se o início de uma enorme oportunidade em janeiro de 2003.

O terceiro Fórum está em marcha, agora assumindo o mandato de construir uma Plataforma Mundial pelo Direito à Educação. Na cena final do filme de Stanley Kubrick, uma criança-estrela se projeta no futuro. A odisséia continua.

LESLIE CAMPANER DE TOLEDO
(Membro da Comissão Organizadora do Fórum Mundial de Educação)

O DISCURSO DE CRISTOVAM BUARQUE NO II FÓRUM MUNDIAL DE EDUCAÇÃO (2003)

Os aplausos recebidos por Cristovam Buarque no II Fórum Mundial de Educação, manifestaram a esperança depositada no processo brasileiro por parte dos 15.000 delegados de mais de 100 países, reunidos na cidade de Porto Alegre, em janeiro de 2003. Em sua declaração, o recém empossado ministro reiterou o compromisso de acabar com a exclusão social e de criar uma escola que "o Brasil, há 500 anos, deve a seus filhos".

O Governo Lula recebe um país com quase 20 milhões de analfabetos e um sistema educacional segmentado e diferenciado, desigual e excludente. Um sistema educacional esfacelado que reflete as injustiças que fazem do Brasil o quarto país do mundo em termos de desigualdade (superada somente por Serra Leoa, a República Centro-Africana e Suazilândia).

Para enfrentar esta realidade, o novo Ministro da Educação conta com uma eclética trajetória. Engenheiro e economista, foi funcionário do Banco Interamericano de Desenvolvimento (BID) em Washington, reitor da Universidade Nacional de Brasília e governador do Distrito Federal durante a administração do PT. Fundador da ONG Missão Criança, autor de mais de uma dezena de livros sobre história, sociologia e ciências políticas, além de ser o principal responsável pelo Programa Bolsa-Escola, implementado em Brasília e posteriormente adotado em nível nacional.

No discurso aqui apresentado, Cristovam Buarque traça três eixos na luta por uma escola de qualidade para todos. O primeiro deles: "fazer com que o analfabetismo seja uma coisa do passado", desenvolvendo um Programa Nacional pela Abolição do Analfabetismo que conte com a ajuda dos 100 milhões de alfabetizados adultos, dentre os quais, 3 milhões são professores ou estudantes universitários.

O segundo eixo visa a implantação de uma "escola ideal", uma escola que esteja acorde com as necessidades do século XXI, acolhendo a todas as crianças e sustentada com recursos que promovam "a motivação, a qualificação e a valorização dos nossos professores". Uma "escola nova", destaca o Ministro, precisa "pagar melhor e formar melhor" os nossos professores.

O último grande eixo definido por Cristovam Buarque é a mudança da universidade brasileira: espalhar os conhecimentos socialmente acumulados e fazer com ela esteja em "sintonia com as dificuldades do povo e dos excluídos brasileiros". A nova universidade "pode fazer o casamento das idéias novas que o Fórum Mundial de Educação aqui cria, com a renovação da política representada por Luiz Inácio Lula da Silva".

O presente discurso de Cristovam Buarque põe em evidência alguns dos desafios que o Brasil enfrenta na construção de uma nova política educacional. Uma política que permita o desenvolvimento de ações e estratégias orientadas a desarticular a herança recebida depois de mais de uma década de ajuste. Resta saber se a fórmula que combina um projeto econômico pouco distante do monetarismo neoliberal do período anterior, com uma reforma social ambiciosa de *caráter democratizador, poderá se traduzir num novo modelo de gestão que fortaleça os espaços públicos e amplie os direitos cidadãos historicamente negados às grandes maiorias.*

ANA LACOMBE (LPP/UERJ)

Fontes do presente capítulo:

• CARTA DE PORTO ALEGRE PELA EDUCAÇÃO PÚBLICA PARA TODOS,
I Fórum Mundial de Educação, Porto Alegre,
27 de outubro de 2001.

• DECLARAÇÃO DE PORTO ALEGRE,
II Fórum Mundial de Educação, Porto Alegre,
22 de janeiro de 2003.

• DISCURSO DO MINISTRO DA EDUCAÇÃO CRISTOVAM BUARQUE, Cerimônia de abertura do II Fórum Mundial de Educação, Brasília, 19 de janeiro de 2003.

CARTA DE PORTO ALEGRE PELA EDUCAÇÃO PÚBLICA PARA TODOS

I Fórum Mundial de Educação

Os mais de 15.000 educadores, educadoras, estudantes, pesquisadores, autoridades, sindicalistas, representantes de múltiplas e diferentes forças sociais e populares, sujeitos protagonistas da história e comprometidos com a educação pública, gratuita e de qualidade para todos os homens e mulheres de todas as idades, orientações sexuais e pertencimentos étnicos, religiosos e culturais da Terra, como condição necessária e possível à PAZ e a melhores perspectivas de vida para a Humanidade, apresentam aos governos de todos os países e a todos os povos do Mundo as posições aprovadas durante a plenária final do **Fórum Mundial de Educação**.

O período em que vivemos, quando o capital, para aumentar seus ganhos a concentrações nunca vistas, leva à miséria e à guerra a grande maioria da população mundial e produz no abandono e no massacre da infância a mais cruel e desumanizadora face deste modelo de sociedade, precisa ser entendido como de ruptura.

Na atual conjuntura internacional, após o ato terrorista de 11 de setembro, por todos repudiado, ficou mais claro tanto o desequilíbrio entre o norte e o sul e o fosso crescente entre ricos e pobres quanto o perigo da violência originária dos irracionalismos que ameaçam toda forma de civilização. As forças dominantes do mundo buscam mostrar o momento presente como sendo de catástrofe mundial. Para a grande maioria dos seres humanos, no entanto, esta ruptura pode ser vista como a passagem de uma situação para outra, na qual a solidariedade, a liberdade, a igualdade e o respeito às diferenças revigoram-se como valores aliados à compreensão de que existem hoje, no mundo, forças e riquezas capazes de alimentar os famintos e de fornecer a todos condições materiais e espirituais, entre as quais salienta-se a educação pública, gratuita e de qualidade socialmente referenciada.

É neste contexto e como parte dessas forças que se reuniu o **Fórum Mundial de Educação**, demonstrando que o momento de passagem vem sendo construído em todos os cantos da Terra por movimentos sociais e governos comprometidos com a democracia e com as causas populares, com a proposição, no campo e na cidade, de alternativas à excludente globalização neoliberal.

São muitas as frentes de luta, em várias partes do mundo - forças zapatistas, Movimento dos Trabalhadores Sem-Terra, movimento contra o apartheid, contra o neoliberalismo e pela humanidade em Belém do Pará-Brasil, a 3a Conferência Mundial contra o Racismo, a Discriminação Racial e a Xenofobia na África do Sul, a Marcha pela Paz realizada pela ONU em Peruggia e Assis, a Ação pela Tributação das Transações Financeiras em Apoio ao Cidadão (ATTAC), entre tantas. Nelas vão sendo encontradas alternativas populares e democráticas que se opõem às pressões financeiras representadas pelo Banco Mundial, pela Organização Mundial do

Comércio (especialmente o acordo geral sobre o comércio e os serviços que põe em perigo a educação pública), pelo Fundo Monetário Internacional, que dizem "reorganizar a economia do mundo".

Neste contexto, entendemos como fundamental aprofundar a solidariedade e a organização entre os movimentos sociais, associativos, sindicais e parlamentários, promovendo encontros mundiais, em vários países e cidades. As reações ocorridas em Seattle, Davos, Cancun, Quebec e Gênova, as greves e as marchas realizadas por trabalhadores de diferentes categorias, especialmente os trabalhadores em educação e os estudantes, o Fórum Social Mundial e este **Fórum Mundial de Educação** indicam que, com os pés no presente, criticando o que de terrível foi feito e vem sendo feito contra todos os povos, os homens e as mulheres do mundo vão construindo, com esperança, o futuro. Por isto, é necessário repudiar a mercantilização da educação que permite aos países do norte, aproveitando sua posição dominante, atrair os cérebros dos países do sul através de uma imigração seletiva. Tudo isto indica a possibilidade de ampliação das alternativas realmente solidárias, populares e democráticas, entre elas as relativas à escola pública, gratuita e de qualidade, em todos os níveis. Neste sentido, entendemos que a luta contra a globalização neoliberal exige que afirmemos as soluções já existentes e que busquemos novas oportunidades de atuação nos âmbitos local, regional, nacional e mundial.

Serão bem-vindas à luta e à concretização de alternativas populares e democráticas todas as forças, organizações e setores que entendam a necessidade de uma radical mudança nas propostas econômicas em curso na escala mundial, bem como nas políticas públicas nacionais e locais, para permitir a igualitária distribuição das riquezas, a sustentabilidade meio-ambiental e o amplo acesso por todos dos bens culturais comuns, entre os quais todos os tipos de educação, mediatizados pela formação dos valores de solidariedade, de liberdade e do reconhecimento das diferenças para a superação dos fatores que criaram e criam hierarquias entre os seres humanos. A constituição de um projeto societário em oposição ao modelo de globalização neoliberal exige a incorporação de crescentes forças a esta luta, apenas começada, e o combate a todos os fundamentalismos.

Estamos irmanados numa luta pelo entendimento de que, quaisquer que sejam suas crenças, modos de viver, gostos, sentimentos, diferenças em termos de necessidades educativas especiais, o ser humano é sempre um sujeito de direitos. A educação, condição necessária para o diálogo e para a PAZ, tem um papel importante nessa luta, na medida em que os tão diversos e sempre coletivos espaços nos quais ela se dá são lugares de discussão, vivência e convivência. A escola pública, nesse processo, transforma-se e se revifica como espaço/tempo de possibilidades para encontros de homens e de mulheres de todas as idades, com trajetórias até aqui apenas entrevistas. Assim, ao contrário da afirmação das forças do capital de que a escola pública já está superada, reafirmamos sua potência e permanente movimento na reinvenção do cotidiano de nossas sociedades e na sua própria transformação, como resultado do protagonismo dos excluídos.

A conquista do poder político em cada situação concreta, nacional e local é também uma das frentes de luta, já que a globalização do capital sempre precisou de governos nacionais, regionais e locais capazes de executar seus planos e fazer valer sua força. A criação de alternativas às propostas neoliberais vem sendo construída com governos populares e democráticos, tecidos com dificuldades e que se configuram como possibilidade crescente.

A luta por mudanças no mundo do trabalho, na perspectiva de uma profissionalização sustentável, com acesso de todos à evolução científico-tecnológica, precisa ser acompanhada de garantias dos direitos sociais para os trabalhadores e trabalhadoras e de reconhecimento universal da certificação profissional. Essa luta mantém relação estreita com as tantas mudanças antes indicadas, exigindo, assim, a ampliação do conhecimento humanista, técnico-científico, ético e estético e a incorporação real do direito às diferenças, para que possamos nos compreender, nos aproximar e superar hierarquias entre seres humanos, dadas por gênero, idade ou pertencimentos étnicos, raciais, religiosos, culturais e políticos. Os trabalhadores/trabalhadoras da educação têm, com relação a isso, histórias para contar sobre seus esforços comuns e buscam crescentemente participar, com os múltiplos movimentos sociais, na tessitura de um mundo mais justo e pacífico, afirmando a importância de seu trabalho para a primeira infância, as crianças, os jovens, os adultos e os velhos.

Este **Fórum Mundial de Educação** se soma às discussões realizadas nos diversos fóruns de Educação que aconteceram na última década em escala mundial, identificados com o ideário expresso neste documento, e vem indicá-las como eixos prioritários para o Fórum Social Mundial/2002.

O **Fórum Mundial de Educação** se apresenta como realidade e possibilidade na construção de redes que incorporam pessoas, organizações e movimentos sociais e culturais locais, regionais, nacionais e mundiais que confirmem a **educação pública para todos como direito social inalienável**, garantida e financiada pelo Estado, nunca reduzida à condição de mercadoria e serviço, **na perspectiva de uma sociedade solidária, radicalmente democrática, igualitária e justa**.

Porto Alegre (Brasil), 27 de outubro de 2001.

DECLARAÇÃO DE PORTO ALEGRE

II Fórum Mundial de Educação

PREÂMBULO

A segunda edição do Fórum Mundial de Educação, realizada em Porto Alegre (RS), Brasil, às vésperas do Fórum Social Mundial, reunindo um número de educadoras, educadores e estudantes superior a 15 mil pessoas, representando mais de 100 países, de todos os continentes, comprova a expansão e a vitalidade do movimento social que defende a educação pública, laica e gratuita de qualidade para todas as mulheres e homens do Planeta.

Um ano após a realização do primeiro Fórum Mundial de Educação, neste segundo momento de organização coletiva de nossa reflexão sobre os limites e as potencialidades, sobre os recuos e os avanços, sobre as dificuldades e as vitórias de uma educação libertadora e inclusiva, capaz de promover a cidadania ativa, inter-multicultural e planetária, retomamos a análise crítica do contexto dominado pela hegemonia do projeto neo-conservador e neoliberal e ratificamos nossos compromissos com os princípios, diretrizes e propostas da **Carta de Porto Alegre pela Educação Pública para Todos**, proclamada na primeira edição do Fórum Mundial de Educação e agora incorporada a esta Declaração.

Reafirmamos nosso repúdio à mercantilização da educação implementada pelos organismos internacionais e pelos acordos de livre comércio e a toda e qualquer forma de discriminação, a toda e qualquer ação unilateral de força que, neste contexto internacional de cultura da guerra e da violência, ratificando, portanto, nosso compromisso incondicional com a cultura da paz e da solidariedade, que é a ambiência adequada à construção da liberdade, da igualdade, do respeito às diferenças.

Entendemos que os princípios, as diretrizes e os rumos apontados naquele documento continuam sendo referências obrigatórias para quem quer que esteja comprometido com a luta pela universalização da educação pública, laica, gratuita, de qualidade e socialmente referenciada. Entendemos, também, que precisamos avançar em nossos propósitos, dando conseqüência prática aos compromissos assumidos.

Como nossas proclamações anteriores têm sido construídas a partir de elaborações coletivas, o princípio da socialização do processo de tomada de decisões, cada vez mais ampliado, deve continuar sendo um parâmetro obrigatório para a formulação e implementação de políticas, planos, programas e projetos educacionais, que propomos como estratégia de avanço nesta caminhada inclusiva de todos os homens e mulheres da Terra. Portanto, o **Plano de Ação**, que enxergamos como necessário no horizonte, não pode nascer de um pequeno grupo de cientistas e pedagogos, nem, muito menos, de uma minoria de detentores do poder, mas do conjunto dos diversos segmentos sociais mobilizados e organizados.

DECLARAÇÃO

Além dos princípios e diretrizes já assumidos na Carta de Porto Alegre pela Educação Pública para Todos, proclamamos os seguintes compromissos:

I – Estabelecer, como utopia pedagógica, a **Escola Cidadã**, dever do Estado, sob controle social, construída por todos e todas, constituindo-se de um currículo intermulticultural – portanto, não indiferente às diferenças – potencializadora de vivências democráticas, com processos de avaliação emancipadora e produtora de conhecimentos que preparem todos os seres humanos para o protagonismo ativo, nos contextos específicos de seus respectivos processos civilizatórios. Fazem parte desta utopia o desenvolvimento e o apoio a todas as formas de movimentos pela **Educação Popular** – propulsora do processo de transformação política, econômica e cultural da sociedade.

II - Garantir a oferta de Educação Infantil às crianças de zero a seis anos, de modo a permitir o seu pleno desenvolvimento.

III – Universalizar a educação básica para todos os habitantes da Terra em idade escolar, para os que a ela não tiveram acesso na idade própria e para os que dela foram expulsos, assegurando sua formação para o exercício da cidadania plena.

IV - Assegurar a educação secundária para todos os concluintes da educação primária, como parte constitutiva da formação básica a que todos os cidadãos e cidadãs têm direito.

V - Fundamentar e estruturar a educação tecnológica em uma formação geral de qualidade, capaz de propiciar a participação de todos e todas no mundo do trabalho, numa perspectiva emancipatória.

VI – Garantir o direito, o acesso e a qualidade social da educação superior, nas suas dimensões de ensino, pesquisa e extensão, a todos e todas que a demandarem.

VII – Condenar a apropriação privada do conhecimento científico e tecnológico como mera acumulação econômica que se baseia na espoliação humana, já que seus autores o geraram graças à conjugação esforços coletivos, constituindo patrimônio da humanidade.

VIII – Ofertar educação especial, de modo a garantir, aos portadores de necessidades especiais e em situação de risco, a prioridade de atendimento.

IX – Garantir, prioritariamente, aos oprimidos, silenciados, explorados e marginalizados do mundo, o usufruto da riqueza socialmente produzida, de forma a compensar a dívida que lhes foi imposta à revelia de suas aspirações, projeções, ideais e direitos.

X – Garantir os direitos trabalhistas e sindicais dos trabalhadores e trabalhadoras em educação e o exercício da liberdade de expressão em todos os níveis e modalidades de ensino.

XI – Fortalecer a luta para transformar as comunidades rurais e urbanas em espaços pedagógicos e construir a **Cidade Educadora**, reestruturando e mobilizando todos os seus recursos, em todos os seus setores e instâncias.

Assim, orientadas e orientados por essas referências epistemológicas, políticas e éticas, declaramos nosso compromisso com o esforço de mobilização e organização de todos os segmentos das sociedades a que pertencemos, no sentido de elaborar uma **Plataforma Mundial de Educação**, que contenha princípios e diretrizes, metas e objetivos, estratégias de implementação e de potencialização de recursos, cronograma e avaliação periódica, de modo a permitir políticas, planos, programas e projetos educacionais, em todos os níveis de ensino, para todos os povos da Terra.

A Plataforma deverá favorecer a mobilização, a participação social e a construção democrática de propostas elaboradas pelas diversas formas de organização da sociedade. Sua consolidação dar-se-á em patamares sucessivos e ampliados, do nível local até o nacional, sendo aprovada pelas instâncias de representação envolvidas no processo, garantindo a descentralização e universalização das decisões.

A Plataforma Mundial de Educação será formulada e proposta em Fóruns constituídos em cada um dos países que participaram das duas edições do Fórum Mundial de Educação, bem como em outros que vierem a aderir a este movimento. Sua consolidação será iniciada no III Fórum Mundial de Educação e sua finalidade é construir a educação para um outro mundo possível.

Porto Alegre, 22 de janeiro de 2003.

DISCURSO DO SR. MINISTRO DA EDUCAÇÃO CRISTOVAM BUARQUE

Cerimônia de abertura do
II Fórum Mundial de Educação

Eu quero, em primeiro lugar, dar o meu boa noite a cada um e a cada uma de vocês. Pessoas que acreditam que ainda é possível fazer um mundo diferente e que sonham que esse mundo será construído através da educação. Pessoas que são capazes de gastar esse tempo, essa noite de domingo, juntos, à procura de construir esse sonho de um Brasil através da educação. Boa noite, para cada um e para cada uma de vocês.

Dois anos atrás, o mundo foi surpreendido pela novidade que nascia nesta cidade de Porto Alegre. O mundo inteiro, acostumado à idéia de um pensamento único, esse mundo foi surpreendido pelo fórum que aqui se reuniu para discutir um outro caminho. Dois anos depois, o mundo foi novamente surpreendido pela novidade, no dia 28 de outubro do ano passado, de um presidente, recém-eleito, que no seu primeiro pronunciamento falou dos esfomeados brasileiros. Um presidente que – no lugar da tradição de se falar de crescimento, de desenvolvimento, de economia, de progresso – assumiu, diante de todo mundo, o compromisso de, em primeiro lugar, fazer com que, nesse país, todo brasileiro pudesse comer três vezes por dia.

Na história do Brasil, sobretudo nos últimos cinquenta anos, o que se falava é que o país se desenvolvendo através da economia resolveria o problema da fome. Através do mercado, abrindo as fronteiras, o país cresceria e, aí, a fome deixaria de existir. O que o presidente Lula trouxe de novo para o mundo, em primeiro lugar, foi o compromisso com os povos desse país. Em segundo lugar, foi a percepção de que a fome não se resolve pelo crescimento econômico, mas por um conjunto deliberado de políticas de um governo sério voltado para resolver esse problema.

E hoje, dois meses depois daquele discurso, nós estamos caminhando para cumprir o compromisso que o presidente Lula assumiu. Mas não basta Fome Zero. É preciso ser bem na educação mil, dois mil, dez mil, cinco mil. É preciso uma educação para todos e com qualidade. Esse também é um compromisso do governo do presidente Luiz Inácio Lula da Silva. Nós sabemos também que a educação não será conseqüência do crescimento econômico, não será conseqüência de aumento da renda. A educação das nossas crianças e dos nossos adultos só será possível através de políticas claras, nítidas, num investimento dirigido para atender aquilo que nós queremos: um país com orgulho da sua educação.

Se nós trabalhamos hoje percebendo que, no caso de seres humanos, não basta comer, é preciso também cultura, é preciso também, além dos alimentos, as letras – o que nós percebemos é que temos que enfrentar o problema da educação em pelo menos três grandes eixos. O primeiro eixo é aquele de fazer com que todos os brasileiros sejam capazes de ler a língua portuguesa. Fazer com que, nesse país, o analfabetismo de adultos seja uma coisa do passado. É surpreendente que, em pleno século XXI, esse ainda seja um problema. Lamentavelmente, dependendo do que a gente considera analfabetismo, entre 15 e até 50 milhões de brasileiros não estão plenamente integrados, incluídos no mundo das letras. Se trabalhamos com 20 milhões, o governo do presidente Lula tem como meta resolver esse problema nos próximos quatro anos. Muitos dizem que essa é uma ambição impossível, uma ambição desvairada, mas se nós fôssemos ter ambições modestas não precisaríamos ter eleito um metalúrgico como presidente do Brasil.

Se nós fôssemos apenas competir com os governos anteriores no número de alfabetizados, bastaria qualquer um dos outros, e eles talvez o fizessem, pela própria inércia do processo educacional. Nós não somos um governo para continuar na velocidade que os outros vieram. Nós somos um governo para pisar no acelerador e dobrar a esquerda na história do nosso país.

E colocar a nossa ambição. Evitar o que aconteceu com Paulo Freire, que começou, no governo, a bolar um projeto maravilhoso, brilhante, comprometido com a educação e o analfabetismo e, pouco tempo depois, teve que ir para o exílio, com seu programa interrompido. Para evitar que mesmo um programa como o do governo militar – como aquele Mobral –, de repente seja interrompido pelos governos que vieram depois do processo da democratização. Nós não podemos interromper nenhum dos programas que estão em andamento e são centenas de programas que hoje já alfabetizam. Não queremos desconhecê-los, nem interrompê-los, mas não basta ficar nesse ritmo que eles empreendem ao longo dos últimos até séculos. Temos que radicalizar na ambição e determinar um prazo para que o próximo governo – seja ele nosso ou de outro – já não tenha mais que se preocupar com essa tragédia brasileira.

É uma ambição grande, mas não é impossível. Um país com 20 milhões de analfabetos não tem porque se surpreender de resolver esse problema quando tem 100 milhões de alfabetizados adultos. Não tem como achar impossível, quando nós temos só de professores e alunos universitários 3 milhões. Quando nós temos 1,5 milhão de professores que poderão fazer parte desse grande esforço. Não é um esforço desvairado. Com todos os custos – incluindo pagar aos analfabetos para estudar, da mesma forma que pagamos aos formados da universidade para continuar estudando; pagando aos professores para que ensinem; fazendo todos os gastos necessários –, nós precisaríamos de mais 1,5 bilhão de reais por ano. Um, apenas, um em cada mil reais da renda nacional, 0,1%; apenas 0,3% da receita do setor público. Isso não é um dinheiro que nos faça temer estar cometendo uma ambição desvairada. É possível, e juntos nós vamos poder conseguir deixar para a história o fim do analfabetismo do Brasil.

O segundo eixo é o eixo da educação básica. Nós não podemos continuar como um dos últimos países do mundo inteiro no que se refere à educação. Nada explica que um país com 1 trilhão e 200 bilhões de reais de renda; com um único idioma fundamental – além dos idiomas indígenas –, mas basicamente um único idioma; com uma massa de universitários e professores; nós não temos justificativas diante do mundo para continuarmos tendo um dos piores resultados educacionais entre todos os países do mundo.

Nós vimos aqui uma menina cubana falando. Eu não vou dizer que qualquer outra menina cubana falaria tão bonito, mas a diferença dela para as outras meninas cubanas é quase nenhuma do ponto de vista de educação, porque esse país investiu, sistematicamente, na educação de suas crianças. Não é possível que um país bloqueado, pequeno, isolado durante tantas décadas consiga fazer pela educação de suas crianças mais que o Brasil.

Para isso, nós vamos precisar de algumas coisas muito claras. Em primeiro lugar, essa escola ideal só poderá ter o nome de decente quando nenhuma única criança estiver fora da escola. E hoje, 3,5 milhões de nossas crianças estão trabalhando em lugar de estudar. No Brasil de hoje, se as estatísticas falam em 97% de crianças matriculadas, esquecem que essas 97% – se é o número correto –, muitas delas, se matriculam e não continuam, já no segundo mês, a ir às aulas. E das que continuam, raríssimas chegam ao final do ensino médio; e as que chegam, quase todas, com uma péssima qualidade no seu ensino. Nós podemos ter todas as crianças na escola com um programa sério de Bolsa Escola como o que presidente Lula já prometeu. Nós podemos ter crianças na escola construindo as escolas que são necessárias e nós podemos ter qualidade se investirmos, em primeiro lugar, e sobretudo, na motivação, na qualificação e na valorização dos nossos professores.

Nós precisamos de mais professores e cada professor a mais é, certamente, um agente presidiário a menos nesse país. Nós precisamos, sim, pagar melhor nossos professores. Se os nossos professores ganhassem tanto quanto nossos juízes, os nossos juízes não teriam tanto trabalho quanto eles têm.

Nós precisamos formar melhor os nossos professores. Para isso eles precisam de tempo, para isso eles precisam de programa, para isso eles precisam, sobretudo, de incentivo. Para isso eles precisam se transformar nos heróis brasileiros. Houve um tempo em que ainda acreditávamos no crescimento econômico e no motor da utopia, em que os engenheiros, os geólogos, os clínicos eram os heróis. Mas tudo que nós - eu mesmo, com formação de engenheiro - fizemos pôde aumentar a produção de carros, a quantidade de estradas, mas não aumentou a decência, a felicidade, nem a dignidade do povo brasileiro.

Porque isso não vem pela produção material, por mais importante que ela seja. Isso vem pelo enriquecimento cultural que sai, começa e avança através da educação. Nós precisamos ter um programa sério de transformar os nossos professores nos verdadeiros construtores de um país de fato republicano.

E além da alfabetização, além dessa escola nova, espalhada por todo país, que não será em quatro anos, que levará muito mais tempo do que isso, mas que não pode esperar muito mais para começar e mostrar sua cara, além disso, nós precisamos investir e mudar a universidade brasileira.

Ao longo dos últimos anos, nós sabemos que a universidade brasileira foi relegada. Ela foi relegada pelo abandono das universidades públicas e ela foi relegada pela degradação das universidades particulares, que preferiram crescer em número em vez de crescer na qualidade do ensino.

Nós não podemos adiar mais a construção de uma nova universidade no Brasil. Que na verdade pretenda ter mais gente do que ela vive, porque ela vive na falta de professores, na falta de equipamentos, na falta de dinheiro para as coisas mais simples. Não podemos deixar que os nossos professores, nas universidades, sejam tão pouco ambiciosos e que se contentem apenas em resolver a emergência. Nós precisamos inventar uma nova universidade. Uma universidade que seja capaz de duas coisas: de acompanhar a velocidade como o conhecimento avança no mundo e se espalha instantâneamente em todo mundo, ao mesmo tempo em que a universidade produza conhecimento e aprenda, porque antes que ela aprende, já se aprendeu lá fora, vendo a televisão. Ela tem que acompanhar essa velocidade, mas tem, sobretudo, que ficar em sintonia com as dificuldades do povo brasileiro, dos excluídos brasileiros.

O povo brasileiro quer uma universidade melhor, mas quer uma universidade melhor para todos. Queremos uma universidade melhor que seja capaz de nos oferecer aquilo que a universidade está devendo ao Brasil, que é um, dois, três, quatro, cinco prêmios Nobel. Mas queremos também que a universidade perceba que ela tem que formar mais professores para o ensino médio. Que tem que desenvolver um programa de alfabetização, que não pode ignorar uma campanha de Fome Zero, e que tem que fazer parte de fato do povo brasileiro. A universidade tem que estar sintonizada com o mundo, mas tem que estar sintonizada com a alma do povo brasileiro, e isso exige uma nova compreensão.

Não vamos, no governo, inventar essa universidade de fora para dentro, mas nós vamos fazer com que nós, universitários como eu sou, construamos, formulemos e inventemos essa universidade que a gente precisa. E se ela for feita como a gente quer, se ela tiver a dimensão de ir adiante, nós vamos conseguir, talvez, que seja a universidade que faça o casamento das duas novidades que surgiram no Brasil. A universidade pode fazer o casamento das idéias novas que o Fórum aqui cria com a novidade da política representada por Luiz Inácio Lula da Silva.

Mas hoje, temos um embrião de um comportamento novo aqui e um governo novo na República, mas nós ainda não conseguimos elaborar – e não adianta ter muita pressa – a definição de um modelo que, do Brasil, se espalhará por todo o mundo.

O Lulismo não será inventado dentro do governo, mas em fóruns como esse e nas universidades brasileiras, se elas quiserem. O conceito de um governo novo para o futuro que hoje nós estamos praticando, o modelo de uma utopia nova, para esse século que começa, esse modelo, que ainda não está organizado nem claro, ele só vai surgir da crítica àquilo que a gente fizer de errado e empurrando aquilo que a gente estiver fazendo devagar, mas, sobretudo, da reflexão que nós vamos fazer em fóruns como esses nas universidades brasileiras e fora delas. E quando a gente fizer isso a gente vai estar construindo algo que o mundo inteiro, hoje, espera. Para nós, uma esperança. Uma coisa que o mundo inteiro busca no Brasil, em Porto Alegre, em Brasília, em cada um dos brasileiros, hoje, o sonho de que é possível construir, diferentemente das propostas vazias dos Estados Unidos e da Europa Ocidental.

O Brasil é o único país dos maiores que pode se dar ao luxo de ter todas as tragédias da civilização e de ter todos os recursos necessários para corrigir a tragédia.

Não é por acaso que foi exatamente aqui que surgiu o Fórum e que surgiu o Lula. Nós não somos fruto apenas da vontade de um governo, da vontade de um partido. Nós somos o resultado – como bem disse o presidente Lula – das circusntâncias, de um país que tem tudo o que é preciso de recursos, que tem todos os desafios que o mundo apresenta para o planeta. Nós somos o lugar onde pode nascer um novo projeto civilizatório. Quando isso acontecer, Porto Alegre vai estar nos mapas como um dos pontos centrais nesse imenso "eixo do bem" que se cria entre todos aqueles que tenham a boa vontade – não, é mais que isso –, tenham a capacidade de sonhar e, mais que isso, tenham a vontade política de mudar o mundo através da educação. E vocês que aqui estão, nós todos, temos a vanguarda desse processo novo, temos uma responsabilidade imensa. E vamos levar à diante, construindo um Brasil melhor através da educação.

Vamos continuar o nosso trabalho para mudar o mundo educando as crianças do nosso planeta. Um grande abraço a cada um e a cada uma de vocês da parte do nosso presidente, Luiz Inácio Lula da Silva.

CAPÍTULO 8

POR UMA PEDAGOGIA DA ESPERANÇA

Pablo Gentili

Vivemos tempos de exclusão e guerra. Tempos onde a violência e a segregação se apoderam da vida de milhões de pessoas. Vivemos num mundo, onde o próprio mundo parece ser um privilégio daqueles que podem pagar (e caro) pelo espaço que ocupam nele. Vivemos tempos de desencanto e desilusão. Tempos sem espaço para a esperança. Tempos onde falar do possível acabou se tornando a escusa para esquecer o impossível. Tempos "possíveis", ou seja, tempos sem possibilidades para que o impossível alimente sonhos, inspire lutas, construa projetos, edifique utopias.

Nesta era de solidão, a escola vive um raro paradoxo. Dela não se espera nada, e dela se espera tudo. A escola, dizem os exegetas da desolação, atravessa uma crise sem precedentes, incapacitada, como ela está, de responder aos desafios que os novos tempos lhe impõem. Numa "sociedade do conhecimento" – dizem – a escola perde qualidade, dinamismo, flexibilidade e abandona a educação das novas gerações nas mãos dos meios de comunicação, das redes virtuais, da parafernália tecnológica que, em aparência, regula a vida dos indivíduos no presente e a regulará no futuro.

Mas, por outro lado, à escola lhe são atribuídas boa parte das penúrias que vivem hoje ricos e pobres, incluídos e excluídos, integrados e segregados. Se há desemprego é porque a escola não forma para as demandas do mercado de trabalho (os ricos se prejudicam porque não podem "produzir", os pobres porque limitam suas possibilidades de acesso à renda). Se há violência é porque a escola não transmite os valores da paz e do bom convívio entre os seres humanos (os ricos devem aparelhar-se militarmente em guetos de luxo e os pobres ficam confinados nas periferias urbanas, em cidades favelizadas, em guetos de miséria onde a violência cobra diariamente a vida de dezenas de pessoas, grande parte deles, jovens e crianças). Se o tráfico de drogas governa nossas vidas, configurando um verdadeiro Estado paralelo, isto é porque a escola não sabe enfrentar "o problema", transformando-se, muitas vezes, em verdadeiro espaço de comercialização e troca de entorpecentes (os ricos, dizem, acabam comprando as drogas que os pobres vendem e, os próprios pobres, consumindo as drogas que podem comprar ou que os ricos não têm a coragem de consumir). Se há desunião familiar, se há falta de solidariedade, se há individualismo, se há pulverização dos vínculos humanos, se há tudo aquilo que dizemos rejeitar, é porque a escola tem fracassado na sua função.

Raro paradoxo que, de um lado, anuncia a inviabilidade da escola, sua impotência e futilidade, e, por outro, atribui a ela todos os males que a sociedade sofre, bem como toda a responsabilidade para que deixe de sofrê-los. Raro paradoxo que nos coloca perante uma dramática evidência: por ação ou por omissão, a escola fracassou na suas funções. Se há redenção possível não será ela promovida pela escola; ou, se não há redenção possível, isto é porque a escola não faz o que deveria fazer. Raro paradoxo que conduz, por duas vias, a um mesmo destino. Um destino onde desencanto e escola fundem e confundem suas fronteiras.

Mas, sobre que bases enfrentar esses perversos e tragicamente poderosos argumentos?

Uma resposta inicial seria tentar desconstruir os fundamentos sobre os quais se estrutura e cobra coerência o pessimismo que governa nossas vidas e se apodera da escola. Nesse sentido, poderíamos demonstrar que, muito além da fascinação tecnocrática que sustenta os discursos de uma "sociedade do conhecimento", onde a escola tenderá a desaparecer, as sociedades não parecem estar hoje muito convencidas das virtudes de um providencial processo de desescolarização que transfira aos chips e às antenas parabólicas a responsabilidade social de educar as novas gerações. Se isso acontecerá no futuro é mero exercício de especulação. No presente, todos os dados indicam que longe de decrescer, a confiança ou a mera resignação na importância da escola estão longe de diminuir. Que existe uma crise educacional e que as novas tecnologias digitais desempenham e desempenharão um papel central na educação das sociedades, ninguém duvida. Mas que isso significa ou significará que a escola está condenada a desaparecer ou que será substituída por computadores ou redes virtuais, parece uma conclusão, no mínimo, precipitada.

Por outro lado, e contra as perversas argumentações que acabam atribuindo à escola a causa de todos os males que estamos sofrendo, podemos reconhecer que, boa parte dos problemas enunciados (desemprego, violência, tráfico de drogas, individualismo, crise da família, falta de solidariedade, etc.), são produzidos num amplo conjunto de instituições e relações sociais que excedem e invadem o espaço escolar. A escola pode contribuir aprofundando ou diminuindo esses flagelos, é verdade. Mas, como não é no seu espaço onde eles se produzem, dificilmente ela, de forma redentora e prometêica, poderá eliminá-los. Nesse sentido, os argumentos que pretendem explicar a crise social a partir da crise da escola, longe de atribuírem um poder magnânimo às instituições educacionais, acabam desvalorizando (pela sobrevalorização) e deshierarquizando (pela sobrehierarquização) as possibilidades e potencialidades efetivas da prática pedagógica. A mais cínica forma de confirmar o fracasso de uma instituição é exigir que ela faça aquilo que não pode, não deve ou não consegue fazer.

Ambas as respostas, embora nos ajudem a fugir do beco sem saída para onde conduzem essas interpretações deterministas, não necessariamente permitem construir as razões que podem sustentar nosso reencantamento com a escola e com as práticas educativas.

Acredito que uma *pedagogia da esperança* em tempos de desencanto deve edificar-se nos desafios que educadores e educadoras precisam assumir e, de fato, muitos deles assumem, na cotidianidade do trabalho escolar. Mencionarei aqui alguns deles.

1. A PEDAGOGIA DA ESPERANÇA É, POR DEFINIÇÃO, UMA PEDAGOGIA DA IGUALDADE E PELA IGUALDADE

A igualdade que a pedagogia da esperança pretende construir não pode ser uma igualdade meramente formal ou que se reconheça, apenas, nos princípios jurídicos que a estabelecem ("somos todos iguais perante a lei", "todos têm direito à educação"). Sem desconsiderar a importância que, numa sociedade democrática, possui a igualdade formal, a pedagogia da esperança pretende ir além, construindo valores, sentidos e direitos onde a igualdade se estruture como prática efetiva.

O problema reside em como construir práticas igualitárias em sociedades profundamente desiguais. Vivemos em um País de brutais formas de exclusão, situado na região mais injusta do planeta: América Latina. Uma região que hoje possui o maior número de pobres de toda sua dramática e colonial história. Mais de 210 milhões de pobres vivem (ou melhor, sobrevivem) na América Latina. Em outras palavras, hoje, a metade da população latino-americana é pobre. Pior ainda: a metade dos latino-americanos abaixo da linha da pobreza são crianças ou jovens com menos de 20 anos, ao mesmo tempo em que, a metade das crianças e jovens latino-americanos atualmente existentes encontram-se nessa situação. Uma região com mais de 40 milhões de analfabetos absolutos, onde os índices de vulnerabilidade social tendem a se aprofundar de forma inversamente proporcional à riqueza e ao poder acumulado por elites mais preocupadas com a maquiagem eleitoreira da desigualdade de que com a diminuição efetiva das causas que a produzem. Expressão do abismo que separa ricos de pobres é a polarizada distribuição de renda que historicamente caracterizou o desenvolvimento latino-americano e que não fez senão se deteriorar depois de vinte anos de políticas de ajuste neoliberal.

O Brasil é uma marca emblemática dessa brutal realidade: 50 milhões de brasileiros e brasileiras encontram-se abaixo da linha da indigência, possuem uma renda inferior a R$ 80 por mês, valor estimado para satisfazer as necessidades alimentares básicas da anoréxica dieta estabelecida pelos órgãos oficiais para os mais pobres. Quase um terço da população brasileira. Iníqua distribuição, acentuada na enorme disparidade regional que caracteriza a repartição da miséria no País. Em Alagoas, por exemplo, 56,84% da população encontram-se abaixo da linha da indigência; no Piauí, 61,26%; e, no Maranhão, terra de aparentes milagres modernizadores, 62,37%.

Dados que se acrescentam à longa lista de indicadores que revelam a intensidade da pobreza sofrida por grande parte da população. Uma população discriminada racial, étnica, sexual e regionalmente. Os pobres brasileiros são mais pobres se são negros, índios, mulheres e nordestinos, numa combinação aterrorizadora de fatores que faz submergir milhares de seres humanos em práticas segregacionistas. Práticas que pouco combinam com o triunfalismo impudico que subjaz no balanço oficial dos oito anos de gestão do atual Governo Federal.

A pedagogia da esperança nasce e se reforça da indignação que produz nossa história de exclusões e a realidade política que a aprofunda. Por isso, a pedagogia da esperança comemora os indicadores que revelam que, hoje, boa parte das crianças brasileiras acede à escola, que os anos de escolaridade aumentaram nos setores mais pobres e que o número de analfabetos tendeu a diminuir nos últimos anos. Mas, não se contenta com isso. Garantir o acesso à escola dos mais pobres e, ao mesmo tempo, piorar as condições de vida da infância acaba tornando o direito à educação uma promessa de difícil realização. Em boa parte da América Latina, e nas regiões mais pobres do Brasil, as crianças e suas famílias reconhecem que o principal valor da escola reside no fato que, nela, pode se comer a única refeição diária. Escolas transformadas em comedores populares desempenham, não há dúvida, uma importante função social, em sociedades onde o flagelo da fome consome a vida e a dignidade de milhões de seres humanos. Todavia, embora heróica, não podemos senão indignarnos com uma realidade que reduz a função social das instituições educacionais à compensação de um déficit que tende a se aprofundar por políticas de discriminação e de desamparo.

Por isso, a pedagogia da esperança, longe de aceitar e se contentar com uma política do possível ("é melhor isso do que nada"), pretende ir além, aprofundando nossa indignação, nosso desconforto e repulsa contra a pedagogia da exclusão que afasta o direito à escola do direito à igualdade e à dignidade.

2. A PEDAGOGIA DA ESPERANÇA SE SUSTENTA NOS PRINCÍPIOS DE UMA ÉTICA SOLIDÁRIA E MILITANTE

Desde a Revolução Francesa, o sentido da "solidariedade" sempre foi objeto de intensa disputa entre aqueles que consideravam as práticas solidárias compatíveis com a ordem burguesa e aqueles que, basicamente inspirados pelo ideário socialista, as consideravam antagônicas com os princípios individualistas que o liberalismo preconiza. No século XX, à medida que a realidade econômica e social das sociedades capitalistas se afastava da filosofia liberal que lhe tinha fornecido boa parte da sua legitimidade doutrinária, "solidariedade" foi ficando como referência de um tipo de pensamento e prática social que acreditava na possibilidade de combinar igualdade e liberdade. Princípios esses cada vez mais longe do rumo assumido pelas sociedades de mercado. A social-democracia de um lado (com sua defesa dos Estados de Bem-Estar) e os socialistas e libertários, das mais diversas origens, do outro, reconhecendo-se como legítimos representantes das práticas solidárias, acabaram assumindo o conceito como próprio, perante o abandono à qual o mesmo tinha sido submetido por parte de seus antigos defensores.

Ao mesmo tempo, na segunda metade do século XX, um tipo de pensamento liberal, de natureza muito radical e agressivamente conservador e que depois seria denominado "neoliberalismo", declarou guerra ao conceito, considerando que ele resumia boa parte das armadilhas "socializantes" que conduziam nossas sociedades à falência econômica e, conseqüentemente, à crise política e social. "Solidariedade", para eles, passou a ser vista como o eufemismo de um espírito falsamente igualitário que acaba com o empreendedorismo e a vocação pelo lucro que, segundo eles, move e permite desenvolver as sociedades capitalistas avançadas.

Resulta curioso que será justamente no final do século XX que o neoliberalismo, já não como alternativa teórica, senão como projeto de reestruturação política e social das sociedades contemporâneas, tenderá a promover a "solidariedade" como alternativa e saída às condições de pobreza e exclusão sofridas por boa parte da população. Assim, a solidariedade voltou a ocupar o centro dos discursos políticos, mas, desta vez, não para condenar as dramáticas condições de vida criadas e produzidas nas sociedades de classes, e sim para amenizar ou diminuir as, aparentemente inevitáveis, conseqüências do desenvolvimento e da modernização econômica. Paradoxalmente, a solidariedade passou a ser compatível com a idéia de que na sociedade não há espaço para todos e, em tal sentido, os que sofrem menos devem ajudar a temperar o martírio vivido pelos que, sem alternativas, acabam sofrendo mais.

Se na sua origem moderna, o sentido da solidariedade era atribuído à possibilidade de uma prática social vinculada ao questionamento das condições geradoras de injustiças e desigualdades, nos novos tempos que correm, ela é reduzida a uma prática individual, corporativa ou empresarial, viável dentro de regimes que não só produzem desigualdades e injustiças, senão que, inclusive, tendem a aumentá-las.

De tal forma, não deve surpreender que governos, cujas políticas aprofundam as condições de miséria e marginalidade vivida por boa parte da população, desenvolvam, apóiem e promovam comunidades e alfabetizações "solidárias" ou que uma entidade como a Fundação Roberto Marinho promova, com apoio de governos extremamente conservadores, um programa como "Amigos da Escola".

A pedagogia da esperança deve se edificar em práticas solidárias e engajadas que reconheçam que o próprio sentido da solidariedade é hoje objeto de disputa. A solidariedade que fundamenta nossa esperança no caráter emancipatório da educação não tem nada a ver com o desenvolvimento de ações de caridade pobre para os mais pobres. Trata-se, pelo contrário, de reconhecer o imperativo ético de lutar contra as injustiças que produzem e reproduzem um sistema excludente e discriminador. Trata-se de reconhecer o valor não mercantilizável da dignidade e da igualdade. Trata-se de pensar na solidariedade como compromisso de luta por uma sociedade mais justa, de uma luta que não é "para" os excluídos, mas sim "com" os excluídos.

Não há esperança nenhuma que possa ser promovida desde iniciativas como "alfabetização solidária" ou "amigos da escola". Propostas estas que chegam a degradar os sujeitos sociais, convertendo os analfabetos em filhos adotivos daqueles que ("solidariamente") pagam o pedágio de um direito negado. Propostas que chegam a degradar a dignidade dos trabalhadores e trabalhadoras da educação ao transformar em "amigos da escola" aqueles que, generosamente, doam algumas horas do seu tempo para promover miraculosas ações inovadoras, num festival de cinismo que transforma em reais ou potenciais "inimigos da escola" aqueles que cotidianamente nelas trabalham.

Solidariedade é, na pedagogia da esperança, sinônimo de compromisso social e de luta pela transformação radical das práticas que historicamente condenam à miséria e à exclusão milhares de seres humanos. A solidariedade não rima com o assistencialismo focalizado de programas que deshierarquizam, degradam e pulverizam a dignidade dos que sofrem as conseqüências de um regime baseado na exploração e na miséria.

3. A PEDAGOGIA DA ESPERANÇA SÓ SE CONSTRÓI QUANDO A QUALIDADE EDUCACIONAL NÃO SE REDUZ A CRITÉRIOS DE PRODUTIVIDADE ACADÊMICA, SENÃO QUE SE AFIRMA NA AMPLIAÇÃO DO DIREITO SOCIAL À EDUCAÇÃO E NA LUTA CONTRA O MONOPÓLIO DO CONHECIMENTO

"Solidariedade" e "Qualidade", antigas bandeiras de luta dos setores progressistas que denunciavam que o direito à educação não podia se esgotar no acesso à escola, acabaram se banalizando no contexto de políticas neoliberais que as reduziram a um mero critério produtivista de medição de aprendizagens. Assim, fundamentalmente a partir da década de noventa, a qualidade da educação acabou restrita à implementação de uma série de estratégias de avaliação orientadas a quantificar a produtividade escolar nos diferentes níveis do sistema, promovendo rankings institucionais que permitissem mapear a hierarquia das escolas em virtude dos resultados das provas aplicadas à população estudantil. "Qualidade" e "medição" de aprendizagens viraram sinônimos no contexto de uma política educacional submergida na voragem tecnocrática ditada pelos organismos internacionais que condicionam severamente as reformas em curso nos países da região.

Em menos de dez anos, países como Argentina (com o SINEC), Bolívia (com o SIMECAL), Chile (com o SIMCE), Colômbia (com o SABER), Costa Rica (com o CENE-EDU), Equador (com o APRENDO), El Salvador (com o SABE), Guatemala (com o SIMELA), Honduras (com a UMCE), México (com o SNEE), Nicarágua (mediante as ações da Direção de Avaliação), Panamá (com o SINECE), Paraguai (com o SNEPE), Peru (com o CRECER), República Dominicana (com o Sistema de Provas Nacionais), Uruguai (com a UMRE) e Venezuela (com o SINEA), aplicaram provas estandardizadas nas áreas de Língua e Matemática e, alguns deles, em outros campos disciplinares como Ciências Naturais e Sociais, destinadas a medir as aprendizagens dos alunos e alunas do ensino fundamental. O Brasil, claro, não foi uma exceção, desenvolvendo, a partir de 1990, o SAEB (Sistema de Avaliação do Ensino Básico) e, em outros níveis do sistema, o ENEM (Exame Nacional do Ensino Médio) e o chamado "Provão" (Exame Nacional de Cursos Superiores).

A euforia rankeadora levou muitos países, sem o sucesso esperado, a participarem de provas internacionais, mostrando que, em matéria de "qualidade" das aprendizagens, as nações latino-americanas, com exceção de Cuba, estão muito aquém dos méritos que os reformadores de plantão se auto-atribuem.

A pedagogia da esperança, base de sustentação de uma política educacional democrática, não desconsidera a importância das aprendizagens escolares nem a pertinência de sua avaliação. Todavia, desconfia fortemente de sistemas de medição que de forma sempre centralizada e desprezando dimensões processuais, focaliza e reduz a qualidade da escola a provas pontuais aplicadas à população estudantil. Rejeita ainda a arrogância governamental que leva a concentrar a elaboração dessas provas nos gabinetes dos ministérios de educação ou em fundações privadas que, de forma terceirizada, produzem as ferramentas de medição e sistematizam seus resultados sem a participação e a fiscalização da comunidade escolar.

Avaliar a "qualidade" da educação é, nesse sentido, muito mais do que medir resultados das escolas. Avaliar a qualidade deve significar considerar uma série de processos que incluem, mas excedem o resultado obtido em provas pontuais e estandardizadas. Processos que reconhecem as especificidades locais e regionais e que contemplam questões como o grau de democratização efetiva do direito à educação, as condições de igualdade e eqüidade do sistema escolar, o compromisso das instituições educativas com as demandas e necessidades da população; em suma, que permitem reconhecer os graus de justiça (ou de injustiça) com que as sociedades avançam na luta contra o monopólio do conhecimento, uma das mais brutais formas de exclusão e segregação vividas historicamente pelos mais pobres.

Que tipo de "qualidade" pode ter um sistema que discrimina social, política e pedagogicamente as grandes maiorias? Que tipo de "qualidade" podemos construir numa sociedade onde a desigualdade cresce e se multiplica?

A pedagogia da esperança não se deixa iludir com os artifícios tecnocráticos das atuais reformas neoliberais e reafirma seu compromisso com a qualidade social da escola, onde o dia a dia das salas de aula se "mede" também pelo grau de democratização efetiva do direito à educação e onde a comunidade escolar, fundamentalmente os trabalhadores e trabalhadoras da educação não são culpados pelo fracasso e a irresponsabilidade daqueles que administram nossos países ou nossos ministérios de educação.

4. A PEDAGOGIA DA ESPERANÇA É, POR DEFINIÇÃO, UMA PEDAGOGIA DO EXERCÍCIO SUBSTANTIVO E REAL DA DEMOCRACIA

As recentes reformas educacionais do neoliberalismo deixaram uma herança inescusável: elas foram as mais antidemocráticas reformas implementadas em períodos de institucionalidade democrática. Medidas provisórias e decretos; transferência de responsabilidades públicas a entidades privadas; fechamento de canais de participação, deliberação e fiscalização por parte da comunidade; corrupção e irresponsabilidade no uso dos recursos públicos; arrogância e desprezo no tratamento das entidades representativas por parte das hierarquias ministeriais são algumas das penosas marcas de uma reforma que fez da democracia uma farsa, um pastiche autoritário e opressivo.

A democracia é uma questão de forma e conteúdo. Antidemocrática tem sido uma reestruturação educacional verticalizante e despótica, onde a soberba das tecnocracias ministeriais longe esteve de respeitar as mínimas condições políticas que podem fazer da reforma escolar um modelo de intervenção social progressivamente participativo. Exemplo disto são as reformas curriculares, definidas em gabinetes ministeriais fechados e desconsiderando a participação e a rica experiência pedagógica acumulada nas práticas educacionais desenvolvidas nas escolas. Quando acusados de pouco democráticos, os gestores da reforma se defendem dizendo que esses novos currículos são melhores, mais atualizados e dinâmicos que os anteriores. Esquecem que há muito tempo a intervenção das *intelligentzias* esclarecidas não alcança o necessário para se definir a virtude democrática de um processo de reformas.

Se a democracia é uma questão de forma e conteúdo, os sistemas de avaliação, as atuais políticas de formação de professores, a alfabetização "solidária", a reforma do ensino médio e a reestruturação universitária são antidemocráticas por partida dupla.

A pedagogia da esperança se fortalece e se multiplica com o fortalecimento e ampliação da democracia. Uma democracia não meramente representativa ou delegativa, uma democracia formal e débil, senão uma democracia forte e substantiva, uma democracia participativa e ativa, onde os sujeitos sociais não são meros espectadores da história, mas sim seus verdadeiros protagonistas.

Por isso, a pedagogia da esperança se fortalece com a intervenção, a participação e a fiscalização das comunidades nos assuntos que dizem respeito a sua própria vida, a suas demandas e sonhos, a suas ilusões e necessidades. A democracia reduzida a um banal jogo de delegações não fortalece o poder popular, base de uma sociedade onde a justiça social deixa de ser uma falsa promessa eleitoral. Contrariamente, a democracia substantiva ganha força e se multiplica quando as maiorias ganham espaço, sua voz é reconhecida como uma voz legítima, suas demandas essenciais como obrigações públicas. É essa democracia forte, a democracia da esperança e não da frustração, a democracia que a pedagogia crítica aprende e ensina a amar, a construir e a defender.

5. A PEDAGOGIA DA ESPERANÇA É UMA PEDAGOGIA ONDE O IMPOSSÍVEL SE CONSTRÓI, UTOPICAMENTE, COM UM OLHO NO PASSADO-PRESENTE E OUTRO NO FUTURO

"Falemos do impossível porque do possível já sabemos demasiado", lembra Silvio Rodriguez num verso que sintetiza, melhor que qualquer discurso, o horizonte de uma prática educacional emancipatória.

É do impossível que se nutre a pedagogia da esperança. De um impossível viável, de um impossível que, como meta, horizonte, como estrela guia, ilumina nossa luta e alimenta o otimismo de nossa vontade para não desistir, para não acreditar no conformismo edulcorado que nos impõem os novos senhores do mundo. É do impossível que se nutre a política, construindo utopias de igualdade e justiça, de liberdade e de solidariedade efetiva. Igualdade, justiça, liberdade e solidariedade que se constroem nas lutas de hoje e se fortalecem nas lutas de amanhã.

Meu tempo começa a esgotar-se e preciso concluir, resumindo uma questão de complexidade radical. Por isso, permita-me uma breve história para sintetizar o que considero ser a clave da pedagogia da esperança:

Adriana tinha quatro anos e morava numa grande cidade, longe do mar. Seu sonho era conhecer a praia, molhar seus pés na espuma do mar. Um dia seu pai, Antônio, decidiu levá-la a conhecer a ondas. Viajaram algumas horas e, no final da tarde, chegaram à praia. Adriana se estremeceu com a imensidão do mar. A cor, o som, o cheiro do mar encheram o coração da menina, que começou a fazer perguntas, muitas perguntas, a um Antônio perplexo perante sua incapacidade de satisfazer a curiosidade da filha. Onde nasce o mar, pai? Quem inventou a espuma das ondas? Podemos chegar ao horizonte? Por que não vivemos à beira do mar?

Enquanto Antônio se atrapalhava tentando responder às perguntas, Adriana começou a catar conchas no seu pequeno balde.

Anoiteceu.

No céu, uma lua imensa, brilhante, uma lua dessas que só aparecem à beira do mar, iluminou a praia.

Adriana, inesperadamente, começou a pular. Antônio perguntou: filha, por que pulas? Pai — disse Adriana — estou querendo pegar a lua para iluminar as conchas.

A história da Adriana é reveladora. A esperança da nossa pedagogia crítica deve ser assim pensada: pegar a lua para iluminar as conchas. Por isso, precisamos aprender a lição que aprendeu Antônio naquela noite milagrosa. Amanhã voltaremos à escola, à universidade, ao sindicato, à nossa igreja ou ao movimento onde lutamos. A lição que aprendeu Antônio nos fortalece. Porque o que Antônio fez naquela noite milagrosa não foi tentar explicar à filha que era impossível pegar a lua para iluminar as conchas.

O que Antônio fez foi, ele também, começar a pular.